AF157610

Fritz Reuter

Briefe von Fritz Reuter an sienen Vater

Aus der Schüler, Studenten und Festungszeit

Fritz Reuter

Briefe von Fritz Reuter an sienen Vater
Aus der Schüler, Studenten und Festungszeit

ISBN/EAN: 9783742890443

Hergestellt in Europa, USA, Kanada, Australien, Japan

Cover: Foto ©ninafisch / pixelio.de

Manufactured and distributed by brebook publishing software
(www.brebook.com)

Fritz Reuter

Briefe von Fritz Reuter an sienen Vater

Briefe

von

Fritz Reuter an seinen Vater.

Briefe

von

Fritz Reuter an seinen Vater

aus der

Schüler=, Studenten= und Festungszeit

(1827 bis 1841).

Herausgegeben

von

Dr. Franz Engel.

In zwei Bänden.

2. Band.

Mit sechs Facsimiles.

Zweite Auflage.

Braunschweig.
George Westermann.
1898.

Druck von George Westermann in Braunschweig.

Inhalt
des zweiten Bandes.

Seite

Facsimile vom:

Mit dem Eintritt in die Festung Magdeburg geht's wieder einige Stufen tiefer in den Höllentrichter hinab. Vor der Pforte, die sich hinter ihm schließt, liegt der leibhaftige Cerberus in Gestalt des Festungscommandanten auf der Wacht und Lauer, damit sich nur ja kein Licht- und Sonnenstrahl aus der lieben freien Gotteswelt zu der armen verdammten Seele verliere. Unter dem Herrn Grafen von Haake, der von seinem König zum humanen Vorgesetzten der freien und unfreien Insassen der Festung bestellt war, der sich selbst aber „as de irste Minschenschinner" einsetzte, hat der Gefangene die böseſten Festungszeiten verlebt. Der Tod machte seinem Wirken zum Glücke — wenigstens für die Gefangenen — in nicht zu langer Zeit darauf ein Ende; „as hei sturw, würd en gaud Deil Haß gegen uns begrawen." Seine Nachfolger suchten die Sünden ihres Vorgängers nach Kräften wieder gut zu machen.

Die Capitel 7 und 10 „ut de Festungstid" sind am besten geeignet, die folgenden Briefe aus Magdeburg zu beleuchten; ihr Inhalt erfüllt uns mit Verwunderung, daß die Gefangenen in der Pesthöhle, die ihnen zum vieljährigen Aufenthalt angewiesen wurde, nicht allesammt umgekommen und nicht allesammt verdorben und gestorben sind unter dem Büttelstocke der Excellenz von Haake; — „de up de öffentliche Parad seggt heiwwen fall: Wieder nichts zu melden? — Melden Sie was, und ich werde den Leuten zeigen, wie man mit Hochverräthern umgehen muß!“ — „en Minsch, de vör Wuth barsten müggt, dat hei junge Lüd', de in äwerminschliche Geduld Johre lang Allens dragen, tau keine Klag' Anlat gewen hadden, nich noch scharper anfaten künn; de tau de strengen, gedruckten Bestimmungen noch nige, strengere utfinnig makt un sei uns in dat Gefängniß rinne hängt hadd;“ — „ne Kanallj von Kirl, de de gemeinste Niederträchtigkeit utbräuden ded, um dat arme, jammervulle Lewen noch jammervuller tau maken!“ —

Die folgenden Briefe aus Magdeburg lassen deutlich erkennen, daß die Censur wiederum scharf ausgeführt wurde.

Magdeburg, den 31. März 1837.

Lieber Vater!

So wie ich mich beeilt habe, Dir meine Abreise von Glogau anzuzeigen, so eile ich auch jetzt, Dir meine Ankunft in Magdeburg zu melden. Meine Reise ist sehr langsam von Statten gegangen, theils wegen ihrer Einrichtung überhaupt, theils auch wegen meiner Kränklichkeit, die mich hier, wenn auch größtentheils, doch noch nicht ganz verlassen hat; schlechtes Wetter und eine halbe Freiheit, die mir dieselbe ganz in die Seele rief, ohne ihr zu genügen, und den zehrenden Funken der Sehnsucht in mir vergeblich anfachte, haben dazu gedient, mir dieselbe noch mehr zu verbittern.

Wenn der Schnee die Erde bedeckte und der Frost herrschte, wo Frühlingslüfte wehen sollten, dann dachte ich oft an Dich und Deine, jetzt wahrscheinlich ganz vereitelte Kardenernte, und bei allem dem sehe ich mich genöthigt, Deine Ausgaben durch eine unerwartete zu vermehren, nämlich durch die Erstattung der Reisekosten von 20 Thlr. 25 Sgr. Pr. Courant, die Du gefälligst so bald wie möglich an die hiesige königliche hochlöbliche Commandantur einsenden wirst, da ich im Vertrauen auf Deine Güte versprochen habe, binnen 14 Tagen sie zu ersetzen. Meine zukünftigen Ausgaben sind für den kommenden Monat gedeckt, in der Folge aber sind sie, wenn Du es anders genehmigst, für den Monat 10 Thlr. Zulage von Dir und 5 Thlr. Verpflegungsgelder vom Staate, und da möchte ich wohl den Vorschlag machen, daß Du mir hier etwa bei Schrader & Comp., oder sonst einem bekannten Handlungshause diese Summe auszahlen ließest; mehr wird hier nicht gestattet, mit Ausnahme von Kleidungsstücken und Victualien, die durch die Güte der hochlöblichen Commandantur mir vielleicht zukommen werden. Wie es mir hier geht, darüber kann ich Dir nicht schreiben, und muß ebenfalls bitten, Deine Briefe genau so einzurichten, daß darin etwa nicht etwas enthalten ist, welches ihre Ablieferung an mich erschweren oder verhindern könnte, doch das brauche ich wohl nicht zu erwähnen, und bitte Dich deshalb um Entschuldigung.

Alle Monate darf ich zwei Briefe absenden, und damit bist Du wohl zufrieden. Deinen letzten Brief habe ich über Glogau hier erhalten, und sehe darin wieder den überzeugendsten Beweis Deiner väterlichen Liebe, wie Du nie aufhörst, mit tröstlichen Worten und Nachrichten meine Hoffnungen neu zu beleben, damit die schwarzen Bilder entfliehen und freundlichere an ihre Stelle treten mögen; ob und wie ich Dir danke, da frage Dich selbst, welche Wirkung diese ewig neu belebten, ewig wieder verwelkenden Hoffnungen in meinem Gemüthe hervorbringen, da frage ich mich selbst vergebens; es ist ja so ein Chaos von Gefühlen, daß ich nicht entscheiden kann, ob die Freude oder die Trauer vorherrscht. Doch hoffentlich wird es einst anders werden. Ich muß aufrichtig gestehen, ich kann mich noch nicht recht in meine neue Lage finden und bin nicht ruhig genug, um Dir ein treues Bild von meinem Innern, und noch nicht mit den hiesigen Verhältnissen bekannt genug, um Dir umfassend Nachricht von den mich umgebenden Aeußerlichkeiten zu geben. Lebe deshalb für heute wohl, nächstens ein Mehreres von Deinem Sohne F. Reuter.

Magdeburg, den 15. April 1837.

Lieber Vater!

Mit großem Vergnügen habe ich Deinen Brief mit den beiden Einlagen erhalten, die mich mit so fröhlichen

Hoffnungen erfüllten, die mir in meiner jetzigen Lage vorzüglich nöthig sind, um nicht dem Mißmuthe zu verfallen. Es scheint mir, als ob mein Schicksal jetzt eine neue Wandlung erhalten wird, und ich werde die Zeit hoffnungsvoll und geduldig abwarten (gut Ding will Weile haben). Die Gründe des Erkenntnisses sind mir noch nicht mitgetheilt, doch hoffe ich alle Tage sie zur Kenntniß zu erhalten. Sonst würde mich diese Mittheilung ganz kalt und gleichgültig lassen, wenn ich nicht hoffen könnte, daß meine Auslieferung dadurch zur Sprache käme und die Gründe dafür und dawider erörtert wären, denn die Vertheidigung des Verbrechens selbst ist meiner Ansicht nach (ich muß immer darauf zurückkommen) ganz nutzlos und dient nur dazu, die Begnadigung aufzuschieben, wenn sie nicht überdies noch andere mir bis jetzt unbekannte Nachtheile im Gefolge hat. Es thut mir leid, daß ich Dich wieder in dieser Sache dem Zweifel in die Arme werfen muß. Du erhältst einen Rath von einem Manne, der ohne Zweifel den Stand der Angelegenheiten am besten kennt und ohne Zweifel am ersten durch guten Rath helfen kann; aber ich bin zum Hochverrath verurtheilt und der zweite Senat des Kammergerichts wird mich auch zum Hochverrath verurtheilen, und wenn auch das Urtheil etwas milder ausfällt, so wird es doch nicht bis zu einem solchen Grade gemildert sein, daß ich mit Ruhe das Ende der Strafe abwarten kann, und die Gnade Sr.

Majestät muß ich dann doch in Anspruch nehmen; warum also nicht gleich derselben sich vertrauensvoll in die Arme werfen, da so günstige Hoffnungen im Allgemeinen sich für ihren Umfang zeigen. Doch, richte es so ein, wie Du es am besten hältst, ich bin damit zufrieden, werde aber für meine Person nicht appelliren und mich nach den Umständen auf eine erneuerte Bitte um Auslieferung bei der Ministerial-Commission beschränken. Nur wünschte ich, daß Du, bevor Du einen Vertheidiger für mich wähltest, wenn es nicht schon zu spät ist, daß Du die Antwort der preußischen Regierung auf die Eingabe der mecklenburgischen erst abwartest, damit, wenn sie guten Erfolg hätte, nicht das zu Endeführen der zweiten Vertheidigung diesen Erfolg verzögerte oder gar zu nichte machte. Ich mag in allen diesen Meinungen Unrecht haben, das glaube ich gern, denn meine Ansichten beruhen einzig auf den Eindrücken, die Deine Briefe in mir hervorrufen, da ich keine Gelegenheit habe mit Anderen darüber zu sprechen.

Wie es mir hier geht? Höchst einförmig! ich gehe alle Tage zwei Stunden in der freien Luft und sitze die übrige Zeit verschlossen allein, beschäftige mich mit der Landwirthschaft, soweit es geht, zeichne zum Vergnügen, lese wenn ich etwas habe, denke an Euch, an die Zukunft und an die Vergangenheit und schlafe, wenn ich nota bene kann. Mit meiner Gesundheit bin ich zwar nicht ganz zufrieden, doch geht es so ziemlich, wenn nur nicht der Kopfschmerz da wäre, der mich plagt.

Du schreibst nichts von Deinen Oekonomicis, die Karden sind wohl alle hin; in der Lausitz, wo ich durchreiste, waren sie schon damals sehr dürftig und kosteten pro mille 2 Thlr. 8 Sgr. — — rc. — — Den Taback, wofür ich meinen herzlichsten Dank sage, habe ich erhalten, sowie auch schon in Glogau die Kiste aus Frankenstein gegen Erlegung von 5 Thlr. Ich habe von hier aus an Dich geschrieben und Dich gebeten 20 Thlr. 25 Sgr. als ausgelegtes Reisegeld an die Hochlöbliche Commandantur zu senden. Du hast den Brief wohl noch nicht gehabt, als Du Deinen letzten absandtest, thue dies doch so bald wie möglich. Wenn meine Briefe dürftiger und oberflächlicher erscheinen als früher, so bitte ich mir dies nicht zur Last zu legen, da die Umstände sich geändert haben, und die Censur hier wohl nicht Alles passiren läßt, was sonst wohl geschrieben werden konnte; ich weiß dies zwar noch nicht aus Erfahrung, schließe aber vom Ganzen aufs Einzelne. Grüße Lisetten, Krüger, dem ich herzlichen Dank sage für seinen Brief und bei gelegener Zeit schreiben werde, jetzt geht es nicht gut, oder ich müßte ihm einen leeren Brief senden; sowie auch Großmutter, Karl und Sophie von Deinem Sohn

F. Reuter.

Magdeburg, den 6. Mai 1837.

Lieber Vater!

Du würdest schon vor längerer Zeit die Antwort und den Dank für Deinen letzten Brief und das dabei gesandte Geld erhalten haben, hätte mich nicht ein Umstand, und zwar ein erfreulicher, in der letzten Zeit meine Pflicht verzögern lassen. Meine Lage hat sich nämlich durch die Güte meiner hohen Herren Vorgesetzten gebessert und mein einsames Gefängniß ist jetzt durch Conversation mit mehreren Gefangenen und durch das Zusammenwohnen mit einem alten Freunde, Grashoff, in ein ziemlich heiteres und erträgliches umgewandelt. Mehrere zu 6 Jahren verurtheilte politische Gefangene sind durch die Gnade des Königs vorläufig entlassen worden und so hat denn dies Ereigniß eine außerordentliche Heiterkeit und, ich kann wohl sagen, Hoffnung hervorgerufen, daß Se. Majestät in meine Auslieferung ebenfalls willigen wird. Nachrichten über die weiteren Erfolge der Verwendung hast Du noch nicht? und wenn Du sie hättest, so würden sie — — — — [unleserlich wegen Verletzung des Briefes]. Meine Gründe sind mir noch immer nicht publicirt, obgleich die Uebrigen, mit denen ich zusammenkomme, schon damit bekannt gemacht sind; weshalb ich denn nicht die Erklärung habe abgeben können, daß ich mich bei dem ersten Urtheil beruhigen und mich unmittelbar an die Gnade Sr. Majestät des Königs verwenden wolle.

Mit meinen ökonomischen Studien fahre ich ununterbrochen fort und habe mir schon manches Positive angeeignet, worunter natürlicher, oder vielmehr begreiflicher Weise wohl einige Grundsätze falsch verstanden und einige Anführungen mit nicht genauer Berücksichtigung von Umständen aufgefaßt sind. Den Umstand, daß mein Stubengenosse Mediciner ist, suche ich dadurch zu diesem Zwecke zu benutzen, daß ich den Theil der Chemie studire, der mit der Agricultur in Verbindung steht, und mir durch seine Erklärungen diesen Zweig der Wissenschaft zugänglich zu machen suche.

Wie geht es Dir? Hoffentlich bist Du gesund und Dein Fleiß gesegnet. Du schienst im letzten Briefe nicht mehr so recht herzlich wie früher mit Ernst übereinzustimmen, ich denke, dies ist wohl nur vorübergehend gewesen, und wenn Ernst auch etwas sehr schweigsam ist, so ist dies ein Zug seines Charakters und gewiß nicht Zeichen eines bösen Willens oder eines vorwurfsvollen Gemüths; vielleicht hat er sich gar verliebt und getraut sich nicht Dir seine Neigung zu gestehen; wäre ich nur bei Euch, ich wollte der Sache schon auf den Grund kommen, denn bei aller seiner Schweigsamkeit ist er doch nicht verschlossen und theilt sich leicht mit, wenn man ihm freundlich entgegenkommt. Ist Großmutter und die Tante in Jabel auch wieder wohl? Ich hoffe es, sowie auch, daß Ida sich erholt hat. Mit mir geht es recht gut in Beziehung auf die Gesundheit, und wenn früher, als ich noch allein wohnte, auch manchmal mein Gemüth gewaltig niedergedrückt war, so ist die Unterhaltung jetzt ordentliche Arznei für mich geworden. Lisette würde recht lachen und mit dem Kopfe schütteln, wenn sie Grashoff und mich des Abends unser Abendbrot kochen sähe, wie sie uns hier Butter verschwenden sähe, wenn wir Beefsteak oder Carbonade machen oder Eierkuchen, wenn sie unsere Berathungen vorher anhörte, wie der Eine behauptet, so müsse es, und der Andere, nein — so müsse es gemacht werden, bis denn der Eine eine so delicieuse Beschreibung von seinem Machwerke macht, daß der Andere weichen muß, jedoch nur mit der Drohung, daß, wenn das Product nicht der Beschreibung entspräche, das nächste Mal nach seinen Koch- und Bratmaximen verfahren werde sollte, wo es denn gewöhnlich noch schlechter wird, als das erste Mal.

Du nimmst es nicht übel, daß ich in Deinem Briefe von solchen Allotriis rede, aber bei einem so einförmigen Leben bietet sich nichts Mittheilungswürdiges dar. Wenn Lisette mir einen Rock machen lassen will, so bitte ich um einen braunen oder grünen — — ꝛc. — — Lebe wohl, lieber Vater, und vergiß nicht Deinen Sohn

F. Reuter.

Magdeburg, den 30. Mai 1837.

Lieber Vater!

Vielen Dank für Deinen Brief, worin Du mir den Erfolg der Verwendung unseres Hofes meldest, oder vielmehr unserer Regierung. Es ist wahr, die Sache ist nicht besser und nicht schlimmer dadurch geworden und das Resultat dürfte am Ende doch wohl nur eine abschlägige Antwort sein. Mir ist vor einigen Tagen das Urtheil mit den Entscheidungsgründen vorgelesen worden, wodurch ich jedoch um nichts klüger geworden bin, es war eine Geschichtserzählung, die zum Beschlusse mit einigen wenigen Bemerkungen versehen war, in denen es unter andern hieß: ich wäre geständig gewesen das Lied „Fürsten zum Land hinaus" gesungen zu haben, läugnete aber den Vers über Se. Majestät den König zu kennen, da mir dies nicht zu glauben sei, so würde ich doch der Majestätsbeleidigung schuldig erkannt; ich läugnete ferner, in der Versammlung zugegen gewesen zu sein, in welcher die revolutionäre Tendenz ausgesprochen wäre, und wäre mir auch nicht zu glauben u. s. w. Es war nur alles pro forma und ich erwartete auch nichts anderes und nahm meine Appellation zurück. Ich habe ein Begnadigungs-Gesuch aufgesetzt und sende Dir die Abschrift desselben. Das Deine habe ich gelesen und bitte es so zu lassen und nur noch hinzuzufügen, daß Du gehört habest, wie schon

Wick aus Schleswig und Kleekamp aus Kiel, die ebenso betheiligt wären wie ich, im Sommer 1834 nach Holstein ausgeliefert worden wären; ich glaube dies anzuführen paßt sich besser für Dich als für mich.

Hier folgt nun mein Gesuch:

S. T.

So schrecklich sich auch in der gesetzlichen Beurtheilung das Wesen meiner Vergehung entfaltet hat, indem ich durch Erkenntniß des Königl. Kammergerichts

„wegen Theilnahme an der hochverrätherischen Verbindung der Burschenschaft zu Jena zur Todesstrafe, welche durch die Allerhöchste Cabinets-Ordre in 30jährige Festungsstrafe verwandelt worden ist,“

verurtheilt worden bin, so drängt mich doch mein eigenes Bewußtsein zu dem Troste, daß nie in meinem Leben ein wirkliches Verbrechen das Ziel meiner Bestrebungen war. Leichtsinnige Erfassung des Augenblickes, Mangel an ernstlicher Erwägung der Dinge und ihrer Folgen und jugendliche flüchtige Begeisterung für alles Gute konnten wohl manches falsche Ideal für eine Zeitlang vor meinen Blicken fesseln, aber niemals bin ich mir bewußt gewesen den verbrecherischen Unternehmungen, wie sie mir zur Last gelegt werden, mein Herz oder meine Hand zu leihen. Von diesem tröstlichen Gedanken ermuthigt wage ich es, von der Gnade Sr.

Majestät eine Milderung der schweren, von dem Gesetze mir zuerkannten Strafe zu hoffen, und flehend darum mich vor Allerhöchst dem erhabenen Throne niederzuwerfen. Schon seit 4 Jahren büße ich die leichtsinnigen Verirrungen meiner Jugend in einer strengen Gefangenschaft, und es war mir vergönnt, den Ernst zu sammeln, der dem jungen Manne zur Befestigung von richtigen Grundsätzen zur Erfüllung seiner Lebensaufgabe nöthig ist. Ich habe um so schmerzlicher diese Strafe empfunden, als ich sie fern von meinem Vaterlande ertragen mußte, und es mir nicht unbekannt ist, daß in demselben die Beurtheilung unserer Vergehungen viel gelinder, und die darüber verhängte Strafe bei weitem derjenigen nicht gleichkommt, welche ich bereits erduldet habe. Dürfte es mir erlaubt sein zu bemerken, daß ich, ein Mecklenburger von Geburt, nie in den Königlichen Staaten Ew. Majestät zu studieren das Glück gehabt und ich mich — nur durchreisend in denselben verhaftet — um so weniger der unmittelbaren Schuld einer Verletzung diesseitiger Gesetze theilhaftig sehe, so kann ich mich nur schwer auch dieser Stütze meiner Hoffnung berauben, daß es Ew. Königlichen Majestät Gnade und Huld gefallen wolle, meine bereits überstandene Strafe allergnädigst anzusehen und mich um so eher meinem geliebten Vaterlande und den Armen meiner trauernden Familie wieder zu schenken. Ich bin durchdrungen von dem festen Vertrauen, daß auch der

Ausländer vor dem väterlichen Throne eines allverehrten Allergnädigsten Königs nicht verstoßen werde, wenn er demüthigst in den Reihen Gnade flehender Unterthanen erscheint, und ich wage es mit nicht minderer Aufrichtigkeit in den Gesinnungen der tiefsten Ehrfurcht und Ergebenheit zu verharren

Ew. M.

Magdeb. allerunterthänigster

F. R.

Diese Bitte werde ich von hier aus so bald wie möglich absenden, damit sie noch vor dem 3. August zur Sprache kommt, denn indem ich sie nicht direct an Se. Majestät senden kann, sondern an die Ministerial-Commission, so kann leicht eine ziemliche Zeit damit vergehen. — — — — Ich bin gesund und wohl und schicke und drücke mich, so gut, wie's gehen will. Wenn Du nun noch den letzten Versuch machst, indem Du Dich an Serenissimum wendest, wenn er im August nach B. geht, so glaube ich hat man Alles gethan, was sich thun läßt, und man kann dann alles dem Himmel anheim stellen. Du verlangtest die Namen der Herren, die hier meine Vorgesetzten sind, zu wissen. Der erste Commandant ist der Herr General-Lieutenant Graf von Haake, der zweite Commandant der Herr Major Bock 'und der Platz-Major Herr Hauptmann Singer Ich glaube, daß ich in diesen Angelegenheiten auch öfter als zweimal schreiben darf und werde ich, wenn es nöthig sein sollte, den Herrn Platz-Major darum bitten.

Binnen 8—10 Tagen ist mein Gesuch abgegangen und da wäre es wohl gut, wenn Deines auch einginge. Bleibe gesund und denke an Deinen Sohn

F. Reuter.

Einige Tage vor diesem, an den Vater abschriftlich mitgetheilten Begnadigungsgesuche war auch von dem Bürgermeister Reuter ein solches an den König abgefaßt worden, dessen Wortlaut wir nachstehend, dank der gütigen Ueberlassung der Eigenthümerin, nach dem noch vorhandenen Concept wiederzugeben vermögen:

An
Se. Majestät
den König von Preußen
zu
frey. Berlin.

Allerunterthänigste Vorstellung und Bitte des Bürgermeisters Stadtrichters Reuter zu Stavenhagen um Begnadigung seines einzigen zur 30-jährigen Festungsstrafe wegen Theilnahme an hochverrätherischen studentischen Verbindungen verurtheilten Sohnes.

Allerdurchl. Großmächtigster König,
Allergnädigster König und Herr!

Vor ungefähr 5 Jahren entließ ich meinen einzigen Sohn, den Friedrich Reuter, versehen mit den besten Zeugnissen seiner wissenschaftlichen Befähigung und mit der freudigsten Hoffnung auf den Rath seiner

Lehrer zur Universität Jena, um ihn dort die Rechte studiren zu lassen.

In der Abgeschiedenheit meines Wohnortes, einer kleinen Landstadt Mecklenburgs, konnte ich nicht ahnen, welchen Gefahren ich meinen unglücklichen Sohn zu einer Zeit entgegenschickte, wo die dortigen, mir völlig unbekannten Studenten-Verbindungen eine sehr verbrecherische Richtung genommen haben. Bei einem äußerst reizbaren Gemüthe, bei einer lebhaften Einbildungskraft, besonders aber bei seinem sehr großen Leichtsinne und weit entfernt von dem Wohnort seines Vaters und von einem väterlich rathenden Freunde unterlag mein unglücklicher Sohn dem heillosen Einfluß der Zeit, des Orts und seiner Umgebung und ward Mitglied einer, schon vor seiner Ankunft daselbst vorhandenen verbrecherischen Verbindung, die mir später unter dem Namen: Germania bekannt geworden ist. Er verließ indessen, das Verbrecherische der Verbindung einsehend, das für ihn und so manchen Jüngling so unglückliche Jena freywillig schon im Februar 1833, und bat mich, um ihn aller bisherigen Theilnahme der verbrecherischen Gesellschaft vollkommen zu entziehen, um die Erlaubniß, fortan die Universität München besuchen zu dürfen. Ich rief ihn aber zu Hause und entließ ihn im Herbst 1833, um die Universität Berlin zu beziehen. Hier angekommen, und mit der Gefahr seiner Arretierung bekannt geworden, hatte er sich aber nach Leipzig begeben, und auch dort nicht angenommen, rief ich ihn abermals zu Hause.

Auf seiner Rückreise ward er aber in Berlin arretirt, zur Untersuchung gezogen, und — weil er Mitglied der gedachten Gesellschaft gewesen — zur Lebensstrafe nach den dortigen Gesetzen verurtheilt, während 5 seiner mitschuldigen Landsleute nach den hiesigen Gesetzen nur in eine 2jährige Festungsstrafe verurtheilt wurden. Ew. Königliche Majestät geruheten indessen, die Lebensstrafe sogleich in 30jährige Festungsstrafe mit Vorbehalt weiterer Gnadengesuche zu verwandeln und bei der Publikation des Erkenntnisses dem Verurtheilten die Hoffnung auf Begnadigung aussprechen zu lassen.

Um Gnade bittend für seinen einzigen Sohn nähert sich daher jetzt hiedurch den Stufen Ew. Majestät Throne der mehr als 60jährige Vater seines einzigen, früher zu den schönsten Hoffnungen berechtigenden Sohnes, der aus Leichtsinn und im jugendlichen 21jährigen Alter der Verführung unterlag, der einer verbrecherischen Verbindung als einfaches Mitglied nur beitrat, sie aber nicht hervorrief, nie Sprecher, nie Vorstand derselben war und nie dieselbe beförderte, die Verbindung aber freiwillig und unaufgefordert wieder aufgab und zu besseren Entschlüssen durch sich selbst gelangte, dann aber durch Zufall den Gesetzen eines Staates verfiel, deren Strenge er nicht kannte, und gegen den er nie direct gehandelt hat, in welchem er nur ein blos Durchreisender war, er, der nun schon beinahe 4 Jahre lang sein Verbrechen im strengsten Arrest bereut und verabscheut, während seine gleich strafbaren mitschuldigen Landsleute bereits längst auf freien Fuß gestellt sind. Gram und Sorge um meinen einzigen Sohn haben meine letzte Lebenskraft dahin genommen und der 30jährige treue Diener des allerdurchlauchtigsten Mecklenburgischen Fürstenhauses nähert sich daher gewiß nicht ohne allergnädigste Erhörung Ew. Majestät Gnade und deutscher Fürsten Huld mit der submissesten Bitte:

Ew. Majestät geruheten, meinen unglücklichen Sohn rücksichtlich der noch abzubüßenden Strafe huldvollst zu begnadigen,

oder

falls wider mein allerunterthänigstes Verhoffen eine unbeschränkte Begnadigung zur Zeit nicht zu bewilligen seyn sollte, dies doch allergnädigst zu gestatten, daß der reuevolle Unglückliche die Strafzeit, die ihm durch Ew. Majestät Gnade nicht erlassen seyn sollte, — zur Disposition Sr. Königl. Hoheit, meines allergnädigsten Landesherrn Paul Friedrich gestellt — auf der diesseitigen Festung abbüßen dürfe.

Mit der tiefsten Ehrfurcht ersterbe ich

Ew. Majestät

allerunterthänigster

Stavenhagen, den 27. März 1837.

Gleichwie da draußen in Berg und Thal unter Gottes freiem Himmel, war das sonnenäugige, lachende Mädchen aus der Fremde auch in die dunkle Zelle hinter Schloß und Riegel mit allerlei Sträußchen neu erblühter Hoffnungen, umlaufender froher Gerüchte und kühn erträumter Luftschlösser eingekehrt, die begierig aufgefangen, von Mund zu Mund und Zelle zu Zelle weiter getragen und gläubig aufgenommen wurden. Ein Gerücht nach dem anderen kam und ging, und immer wieder fand ein neues „Läuschen" seinen Weg in das gläubige Gemüth; und was nicht von außen als Gerücht eindrang, das spann und ersann die nimmer ersterbende Hoffnung an eigenen freundlichen Zukunftsbildern. „Dat gaw nu vel Reden und Hoffen unner uns, weck hofften und weck streden dorgegen." Aber auch auf diese Traumblüthen der harrenden Hoffnung und der flehenden Bitten um „Gnade" fiel der Reif der Frühlingsnacht — und sie saßen ruhig weiter!

Magdeburg, den 16. Juni 1837.

Mein lieber, guter Vater!

Deinen Brief vom 9. d. M. habe ich erhalten und danke Dir herzlich dafür, nur muß ich in Bezug auf dessen Inhalt Einiges bemerken. Gewißlich liegt die Schuld an meinem vorigen Briefe, daß Du mehrere Umstände in dem Deinigen erwähnst, dessen Erläuterung ich bereits früher hätte thun sollen, oder vielmehr undeutlich gethan habe. Du machst mir zum Vorwurf, daß ich früher schon mein Begnadigungsgesuch hätte absenden sollen; viel früher konnte ich das nicht, da mir erst vor einigen Wochen die Gründe des Urtheils bekannt gemacht wurden und ich bis zu jenem Zeitpunkte das Rechtsmittel der weiteren Vertheidigung eingelegt hatte; ferner wartete ich so lange, weil ich glaubte Deine Antwort erst abwarten zu müssen, wann Du das Deinige einsenden würdest, damit beide gleichzeitig desto effectvoller wirkten. Du bist ferner leider in einem Irrthum, wenn Du glaubst, daß die Antwort darauf so schnell erfolgen sollte; es sind Leute unter uns, die Bittschriften um Gnade schon im Januar eingesandt haben und warten doch noch mit Schmerzen auf Antwort, und das Beispiel der schnellsten Beantwortung dauerte drei Monate; wenn also nicht mit mir eine Ausnahme gemacht wird, so kann ich vor dieser Zeit auch keine Antwort erwarten. Du hast also Dich an den Herrn Reusche gewendet? Hast Du denn Deine Einlage von weiterer Vertheidigung zurückgenommen? Bei allen diesen Sachen kann ich mir eine traurige Muthmaßung nicht aus dem Sinne schlagen, nämlich daß man auf mein Gnadengesuch antworten wird: die Beantwortung müsse so lange verschoben werden, bis Du Deinen Antrag auf weitere Vertheidigung zurückgenommen habest; und wenn Du dann dies gethan hast, so wird von Auslieferung nicht mehr die Rede sein, sondern ich werde wie ein diesseitiges Landeskind betrachtet werden, nämlich wo es zu meinem Schaden gereicht, werde einer oder der anderen Begnadigungsrubrik beigesellt werden und kann dann leicht noch eine geraume Zeit hier sitzen. Verstehe mich aber ja nicht falsch, als ob ich glaubte, Du hättest einen falschen Weg eingeschlagen; o nein, das glaube ich gewiß nicht; es ist der einzige, den Du einschlagen kannst. Aber es gehen hier so mannigfaltige sich widerstreitende Gerüchte herum, daß man jeden Weg für den rechten halten kann, so wie man auch jeden als unzweckmäßig betrachten kann. Vor einigen Tagen hieß es aus ziemlich sicherer Quelle, man wolle zwei Rubriken bilden, von denen die gravirtere gezwungen sein sollte, nach Amerika auszuwandern, die minder gravirte solle entweder auch auswandern, könne aber auch hier bleiben, dürfe aber nie auf Staatsdienst Anspruch machen. Wenn nun diese Maxime in Anwendung käme und ich, laut Schreiben de December v. J. Berlin, nicht zu den Gravirten gerechnet würde, so kann mir dies nur angenehm sein, da ich ja nach unserer Verabredung auf keinen Staatsdienst Anspruch mache. Dann hieß es ferner, und das wird das Richtige sein, man warte nur darauf, daß Alle ihre weitere Vertheidigung aufgeben sollten, und dann wolle man — wie es ja bisher auch den Anschein hat, da dies ja kein eigentliches Proceßverfahren ist — die ganze Sache als ein Correctionsverfahren betrachten, man wolle dann ebenfalls Abtheilungen bilden und sagen: du hast so lang gesessen, sitzt von jetzt an noch so lang, du so lang, und du so lang. Diese Ansicht hat viel für sich und ich glaube, es ist die richtige. Also wenn ich nicht ausgeliefert werde, so bin ich einer der Letzteren, die da freigelassen werden; deshalb denke ich mit Dir, die letzte Hoffnung sei auf eine persönliche Verwendung unseres Großherzogs zu setzen, und wenn die nicht zu erlangen ist, dann, lieber Vater, dann lasse die ferneren Anstrengungen, sie nützen nichts mehr. Du wirst mir wieder Muthlosigkeit vorwerfen, aber glaube nicht, daß daher diese Bitte entspringt; sie entspringt vielmehr aus der Ansicht, daß durch Deine übergroße Sorge für mich Deine Gesundheit leidet, und aus der trüben Vorstellung, einen so redlichen Vater in seinen alten Tagen in das Faß der Danaiden schöpfen zu sehen, und die Tage, die zur Erholung von den Mühen des Lebens bestimmt sind, in vergeblichem Arbeiten für seinen Sohn hinbringt, der ihm frühere Sorgen so schlecht vergolten hat.

Mit dem Rock ist schon Alles besorgt, und wenn ich ihn auch in meiner jetzigen Lage nicht nothwendig gebrauche, so habe ich ihn mir für den Fall einer Auslieferung machen lassen, wo er mir wohl nöthig ist. Ich hoffe, daß Dein Unwohlsein sich jetzt völlig gelegt hat und daß Deine Gesundheit nicht wieder durch die ekelhaften Chikanen, denen Du, wie ich weiß, von so vielen Seiten unterworfen bist, gestört wird. Ich bin wohl und studire ein anderes ökonomisches Werk, welches ich hier habe; es ist eine Encyklopädie der gesammten ökonomischen Wissenschaften, deswegen freilich etwas compendiös, aber sonst sehr gut. Wie geht es jetzt mit den Aussichten auf die verschiedenen Ernten? Das ist ja ein höchst unglückliches Jahr, wozu Du nun noch den Verlust bei Mantius haben mußtest. Recht sehr gönne ich Karl die Stelle, es wäre für Viele sehr zu wünschen. Großmutter ist doch wieder so ziemlich wohl — und die Schwestern? Lisetten meinen herzlichsten Dank für die Victualien, sie sollen mir gut bekommen; freilich würden sie bei mehr Bewegung besser schmecken, aber das sind nun einmal Schicksale. Erhalte doch ja Deine Gesundheit und strenge Dich nicht zu sehr an. Darum bittet Dein Sohn

F. Reuter.

Magdeburg, den 16. Julius 1837.

Lieber Vater!

Nicht wahr? ich habe etwas lange mit meiner Antwort gezögert, doch hoffe ich, nicht zu lange, um zu Besorgnissen Anlaß gegeben zu haben. Du bist doch hoffentlich gesund und kannst Deine gewöhnlichen Geschäfte betreiben; Gott gebe, daß die außergewöhnlichen und verdrießlichen sich gemindert haben. Mit mir steht es gut, und hoffnungsvoll sehe ich der Zukunft entgegen; ob diese frohe Hoffnung ein rein aus mir selbst hervorgegangenes Gefühl ist, ob es aus hier zuweilen eintreffenden Nachrichten erzeugt ist, oder ob es endlich ein Gemisch von beiden ist, ist am Ende in seinen Wirkungen gleich und die sind für mich günstig. Du glaubst, ich treibe die Landwirthschaft nach einer trockenen Encyklopädie; freilich ist dies der Titel des Buches, doch wie sehr umfassend und bis ins kleinste Detail eingehend dies Werk sein muß, kannst Du wohl schon aus dem Volumen schließen, welches wenig geringer ist, als das des Conversations-Lexikons; es ist der Inbegriff aller landwirthschaftlichen Gegenstände und vorbereitenden Wissenschaften, wie da sind: Chemie, Physiologie, Thierarzneikunde, Feldmeßkunst, Maschinenbaukunst, Oekonomie, Ackerbestellungskunde, Botanik, Gartenbau, Forstwissenschaft, Wiesenbau, Viehzucht; dies Alles nicht so wohl wissenschaftlich, als auch höchst praktisch mit Bezugnahme auf die Oertlichkeit, auf Klima und Meteorologie, und da das Ganze in 12 Bände getheilt ist, die mit den Namen der 12 Monate bezeichnet sind, so kann man das Werk als eine vollkommene Eselsbrücke in der Landwirthschaft ansehen, freilich im guten Sinne, da sich sonst wohl die Verfasser, worunter Koppe und Schwarz und viele Professoren und Doctoren, mit Recht dürften beleidigt fühlen. Mit der Zeit hoffe ich es mir selbst anschaffen zu können, es ist nur ein bischen theuer, nämlich 28 Thaler. Ein Fach bleibt mir immer noch das dunkelste und muß mir auch wohl noch so lange es bleiben, bis ich durch eigene Anschauung die Hindernisse besiegen kann, nämlich die Oekonomie selbst; die Gründe wirst Du wohl leicht selbst finden.

Mit unseren Gnadengesuchen geht es nicht so rasch, wie Du zu glauben scheinst. Deines, sowie meines geht erst an die Ministerialcommission, die darüber Bericht erstatten muß, und dann folgt erst die Entscheidung. Hier sind Alle aufs Aeußerste gespannt, und ich muß gestehen, ich gehöre zu den höchsten Sanguinikern, indem ich mich schon im Geiste von Gensdarmen nach Mecklenburg escortirt sehe, es ist mit dieser Begleitung in den Augen des guten Mecklenburger so eine levis macula verbunden, indem man es unhöflicher Weise „über die Grenze bringen" heißt, und ich muß gestehen, daß ich vor vier Jahren nicht recht lüstern nach dieser Ehre gewesen wäre, doch die Zeiten ändern sich.

Wie geht es mit Deiner Häuslichkeit, und was macht die personificirte Häuslichkeit, ich meine Lisette? Sie wird an mir einen gewaltigen Nebenbuhler in diesem Ruhme haben, denn daß ich häuslich genug bin, das weiß der liebe Himmel; man kommt sich doch gewaltig der Schnecke ähnlich vor. Das einzige Vergnügen, welches ich hier habe, ist Zeichnen, und ich kann Dir wirklich im ernstlichsten Ernst versichern, einige Zweige der Landwirthschaft. Großmutter ist hoffentlich wieder etwas besser wie sonst und wenn sie auch nicht wieder so ganz rüstig wird wie früher, so möchte ich sie doch gerne noch einmal sehen. Ich sehe einer

Antwort von Dir entgegen, angefüllt mit guten Nachrichten, und bitte um Entschuldigung, daß ich Deine Güte, in Hinsicht auf die Anschaffung eines Rockes, auch auf Ausbesserung alter Kleidungsstücke und Anschaffung von Fußbekleidung ausgedehnt habe. Lebe für heute wohl und denke an Deinen

F. Reuter.

Eben, wie ich das Datum niederschreibe, fällt mir, was mir in diesem Monat schon so oft eingefallen ist, Dein Geburtstag ein; wie sehr ich Gott dafür danke, daß er Dich so lange mir erhalten hat, darf ich nicht versichern; möge Gott Dich noch länger erhalten, damit ich Dir bessere Beweise meiner Dankbarkeit, als bloße Wünsche sind, darbringen könnte; möchte der Herr Dir Gesundheit in Deinen ferneren Lebensjahren verleihen und mir die Kraft und die Fähigkeit, in Dir Freude zu erwecken und zu nähren! —

Magdeburg, den 11. August 1837.

Mein lieber Vater!

Schon wieder ist ein Tag der Hoffnung hinter uns, der uns nichts brachte, ich meine den 3. August,* doch war es für den, welcher den Stand der Dinge kennt,

* Friedrich Wilhelms III. Geburtstag.

auch wohl etwas zu voreilig, diesem Tage die Entscheidung aufzubürden. Die Sache der Begnadigung und Befreiung geht ihren langsamen Gang, indem durch die Gnade des Monarchen eine unverhältnißmäßig große Zeit der Strafe getilgt wird, von einer allgemeinen Amnestie jedoch bis jetzt noch nicht die Rede ist. Die zu 6 Jahren Verurtheilten sind bis auf Einen entlassen, mehrere zu 12 bis 16 Jahren Verurtheilte sind auf die ganze Zeit von 3 Jahren begnadigt, und wir 30jährigen, die wir Alle noch keine Antwort auf unsere Gesuche haben, denken mit 5 bis 6 Jahren frei zu kommen; freilich würde das bei mir im Falle einer Auslieferung eine Ausnahme von der Regel sein, wozu ich jedoch sic stantibus wohl wenig Hoffnung habe.

Wie hast Du Deinen Geburtstag hingebracht? Eins weiß ich, nämlich: thätig, aber hoffentlich auch vergnügt und gesund! Wir haben hier an Deinem Tage alles Mögliche zu seiner Verherrlichung aufgesucht. Der Eine sagte: Es ist Jacobitag; der Andere: An diesem Tage hört der Kuckuck auf zu rufen; der Dritte sagte: Heute geht bei uns die Jagd an; der Vierte: Heute ziehen bei uns die Dienstleute um; der Fünfte: Heute wird bei uns das Korn angemäht; der Sechste, und der war Dein gehorsamer Sohn, sagte: Heute kocht meine Schwester Lisette Schöpsenfleisch und Weißkohl, worüber denn weidlich gelacht wurde, als ich aber die Erklärung dazu gab, daß heute meines Vaters und meiner Mutter

Geburtstag wäre, hatte ich Alle aus dem Felde geschlagen. Wie gern ich zu Hause gewesen wäre, brauche ich Dir wohl nicht zu sagen. Es geht hier gar still und einfach zu, und der einzige Sing-Sang, der hier paßt, ist: „So fließt das Leben, ein ruhiger Bach, dahin," doch ist sein Wasser gewaltig trübe, und wenn nicht die Güte unserer unmittelbaren Vorgesetzten, des Herrn Hauptmann, Platzmajor Singer und des Herrn Inspector Maaß uns die Lage etwas erträglich machte, so möchte man es wohl schwerlich mit Gleichmuth ertragen können. Ich bin jetzt in meiner Landwirthschaft bei der heimathlichen Schlagwirthschaft. Selbige verstehe ich so ziemlich gut, obgleich manches darin ist, was man durchaus sehen muß, und hier sehe ich nichts als eine kahle Mauer und einen Hof von 40 Schritt Länge. In unserer Familie wird es ja in Hinsicht des jüngeren Theiles sehr lebhaft; Lisette regalirt mich ja in jedem Briefe mit einem neuen Brautpaare, wobei mir aber, ich muß es gestehen, immer das Sprüchwort von der Pfarre und Quarre einfällt, doch wird es wohl einen guten Anfang mit unserem Karl machen, dem ich gern seine Hoffnungen verwirklicht sähe; und wenn die Präsentation geschieht, dann kriegt er die Pfarre; hätte er nur nicht den Herrn 2c. Faull gegen sich, denn das vermuthe ich, und der kann ihm bei den Landleuten sehr schaden.

Für das an M. und W. gesandte Geld danke ich

Dir und denke es mit Deiner Erlaubniß gesund zu verzehren; in den nächsten beiden Monaten bedarf ich in dieser Hinsicht keiner Anfrischung, d. h. wenn ich hier bleibe. Nächstens erwarte ich eine Nachricht von Dir, und hoffentlich eine erfreuliche; bis dahin lebe wohl und grüße Alle, vorzüglich Lisette, von Deinem Sohn

F. Reuter.

Dem Originalbriefe findet sich auch die nachfolgende Zahlungsanweisung nebst angefügter Empfangsbescheinigung im Originale beigelegt. Aus dieser Anweisung und Quittung geht hervor, daß der Bürgermeister Reuter besondere Vertrauensmänner auch hier in Magdeburg besaß und der Gefangene mit denselben durch Mittelspersonen ohne Kenntniß der Behörden zu verkehren wußte, denn „die Behörden der Anstalt und auch der Inspector, Herr Maaß, brauchten es nicht zu wissen“. Desgleichen sprechen die Theilzahlungen aus den hinterlegten Geldern von der Vorkehr, die der vorsichtige Vater stets getroffen, das Taschengeld in keiner Festung zu hoch auf einmal anschwellen zu lassen.

Ew. Wohlgeboren

ersuche ich, dem Ueberbringer Dieses gütigst 3 Thlr. von dem für mich von meinem Vater bestimmten Gelde auszuzahlen. Die Erfüllung dieser Bitte hoffend, wage ich noch Ew. Wohlgeboren zu ersuchen, dies Schreiben und den Inhalt desselben nicht zur Kenntniß der Behörden dieser Anstalt kommen zu lassen, auch der Inspector, Herr Maaß, - braucht es nicht zu wissen. Zur Beglaubigung sende ich noch den Brief meines Vaters mit. Sollte noch eine besondere Empfangs-Quittung nöthig sein, so bitte ich, es mich wissen zu lassen. Ew. Wohlgeboren ergebenster

Fr. Reuter.

Magdeburg, den 15. August 1837.

„3 Thlr."

Geschrieben „drei Thaler" sind mir Dato von den Herren Müller und Weichsel ausgezahlt worden, worüber ich quittire.

F. Reuter.

Magdeburg, den 15. August 1837.

Magdeburg, den 10. September 1837.

Mein lieber Vater!

Mit Vergnügen habe ich Deinen letzten Brief gelesen, es spricht sich darin eine unverkennbare Freudigkeit aus, die sicher ihren Grund in fester Gesundheit und im Gelingen Deiner Pläne hat. Meine Gesundheit ist nicht die beste, weshalb ich mich jetzt im Lazareth befinde, doch darfst Du Dir deshalb nicht Sorge machen, da ich hier die beste Gelegenheit habe, sie wieder herzustellen, und damit bereits einen guten Anfang gemacht habe.

Ueber die Auslieferung in die Heimath, sowie über

das Resultat meines Gnadengesuchs ist mir neuerdings nichts bekannt geworden, und wie sollte dies auch der Fall sein, wir leben hier, wie Du weißt, jeglicher Nachricht so gut wie unzugänglich, und unsere Ansichten über unsere eigenen Angelegenheiten beschränken sich auf Hypothesen, die, von geringfügigen Anlässen abgeleitet, stets zu Wasser werden und nur darum aufgestellt zu werden scheinen, um stets neuen wieder Platz zu machen. Man spricht freilich von einer Begnadigung auf 4 Jahre, aber dann würde ich im nächsten Monat das Gefängniß und die preußischen Lande im Rücken haben, und daran ist wohl nicht gut zu denken, wenigstens ist für mich diese Aussicht viel zu glänzend, als daß ich mich mit derselben vertraut machen könnte.

Eine Stelle Deines jüngsten Briefes habe ich nicht verstanden. Du schreibst, daß Du zwei neue Häuser in der Schulstraße bautest; erstens befremdet mich die Zunahme Deiner Gebäude höchlich, und daß dies Befremden durchaus nicht unangenehm ist, kannst Du Dir wohl denken, da ich aus jener Thatsache ersehe, daß oeconomica stets noch einen goldenen Boden führen; aber die Schulstraße zweitens, was ist das für eine Straße? ist sie neu entstanden, dann muß ich gestehen, daß Stavenhagen fast so schnell zunimmt als Cincinnati in Nord-Amerika, oder, und das ist das Wahrscheinlichere, Ihr Herren vom Magistrat habt dem Pfarrer ins Handwerk gegriffen und habt getauft, nämlich die Straßen, ich vermuthe daher, die Straße hieß früher der B . . . . l, so eine Art von cul de sac. Wie wird es mir ergehen, wenn ich zurückkehre, ich werde mich in meiner kleinen Vaterstadt nicht mehr ohne Cicerone zurecht finden können! Wie steht es mit der Predigerkoppel, dies interessirt mich, denn ich müßte mich sehr täuschen, oder bei dieser Geschichte liegt Dir gewiß ein Plänchen, oder vielmehr ein Plan, und zwar ein ziemlich umfangreicher, im Sinn, obwohl Du nichts davon geschrieben hast. Ich habe freilich hierher meine ökonomischen Studien mitgenommen, aber da wir hier unserer Sieben in zwei zusammenhängenden Zimmern sind, so kannst Du Dir wohl denken, daß an strenges Arbeiten nicht recht zu denken ist, und da man nun entdeckt hat, daß ich etwas zeichne und einige Portraits schon früher gefertigt habe, so werde ich dem Wunsche Mehrerer nachgeben und ihre Gesichter abschreiben müssen.

Wenn es Dir irgend möglich ist, so schreibe mir bald und sende mir Geld, da meines auf die Neige geht. Grüße Alle von mir und bleibe gesund. Lebe wohl. Dein

F. Reuter.

Endlich war die lang erharrte Antwort auf das Begnadigungsgesuch an den Bürgermeister Reuter eingetroffen. Gnade war freilich gegeben, aber die Gnade feilschte um das Almosen mit dem flehenden Vaterherzen; sie kürzte das Leben eines harmlosen Menschen statt um dreißig, nur um acht Lebensjahre; von der Auslieferung des Ausländers an die strafende Heimathsbehörde sprach sie kein Wort. Zerstoben und verflogen war der Hoffnung kurzer Blüthentag!

Magdeburg, den 30. September 1837.

Mein lieber Vater!

Das sind mir keine erfreulichen Nachrichten gewesen, die Dein letzter Brief enthielt; zwar sind 8 Jahre besser wie 30; aber ich muß gestehen, daß nicht allein ich, sondern auch meine sämmtlichen Commilitonen uns mit weniger Strafe schmeichelten; doch das Schlimmste ist die Nichtversetzung nach Dömitz, daran ist nun wohl fürs Erste nicht zu denken. Anfänglich bin ich sehr durch die Nachricht niedergeschlagen worden, doch bald darauf hat sich bei mir eine große Ruhe eingestellt, die ich überhaupt, Gott und Dir sei gedankt! jetzt mehr und mehr mir zu eigen gemacht habe, kurz von Allen, die diese Nachricht lasen, war ich, obgleich am meisten betheiligt, der Ruhigste. Was jedoch die Anzeige betrifft, die mir Deiner Meinung nach schon officiell geworden ist, so irrst Du Dich, da bis jetzt noch nichts dergleichen verlautet ist und Deiner Liebe wiederum das Verdienst des Zuvorkommens gebührt. Du scheinst sehr bekümmert über meine Gesundheit zu sein, — ich muß Dir nur sagen, sie ist besser, als ich hoffen konnte, da ich hier ordentliche Pflege, namentlich von ärztlicher Seite, genieße und nicht solche Quacksalbereien, wie in Silberberg. Der Herr Kämpf hat mich hier besucht und wird über meinen Gesundheitszustand das Nämliche berichten können, es ist ein freundlicher Mann, der sich jedoch in meine Lage nicht recht hineinzufinden scheint, wie ich aus mehreren Fragen und Bemerkungen abnehmen konnte. Die Cholera haben wir hier, doch ist sie nicht so grassirend, wie in Berlin, freilich, die davon befallen werden, sterben meistens, aber dennoch ist die Furcht nicht so groß, als man denken sollte, namentlich bei uns nicht, obgleich wir sie so zu sagen vor unserer Thür haben. Daß Deine Geschäfte einen guten Gang gehen, macht mir unendlich viel Freude, und nur eins bedaure ich dabei, daß ich nicht selbst dabei helfen kann und das Gedeihen mit ansehen kann, denn auf dem Papier nimmt sich ein Weizenfeld doch immer nur sehr mager aus. Oekonomie treibe ich fort, und habe den Koppe, den Du mir nach Silberberg schicktest, tüchtig durchstudirt, auch werde ich denselben mit einem Freunde, der hier mein zeitweiliger Stubenbursche ist, noch einmal durchnehmen. Da ich nun noch eine Zeit lang auf den preußischen Festungen verbleiben muß, werde ich Lisetten eine kleine Nota zusenden müssen, die Restauration meiner Wäsche betreffend, und nehme mir die Freiheit, selbige hier hinten anzuhängen.

Nächstens schreibe ich mehr! Lebe wohl und sei gesund und froh, das wünscht Dein

F. Reuter.

Liebe Lisette!

Nicht wahr? ich schreibe blos, wenn ich etwas haben will; aber ich weiß, daß Du es mir nicht übel nimmst, denn Neuigkeiten, wie Du sie mir schicken kannst, habe ich nicht, und die, welche ich habe, interessiren Dich nicht; also ist es am besten, ich komme gleich zur Sache. Mit meiner Wäsche sieht es nicht zum besten aus, da ich durch mehrere Unglücksfälle, namentlich in der letzten Zeit zu Silberberg und Glogau mehreres eingebüßt habe; ich bitte daher um Strümpfe, Schnupftücher, aber nicht so feine, da ich vorhabe, meine Nase durch Schnupftaback zu erheitern, einen wollenen Shawl, eine Nachtjacke, da meine so eingelaufen sind, daß ich nicht mehr hinein kommen kann, Halsbinden, aber recht derbe, und ein schwarzes Tuch. Das wären ungefähr die nothdürftigsten Gegenstände und kommen noch einige Luxusartikel, wie da sind: 3 Servietten, da ich nun seit 4 Jahren dieselben nicht gebraucht habe; ich würde noch um einen silbernen Löffel gebeten haben, doch fürchte ich, daß mir derselbe nicht verabfolgt wird; aber einige Spickaale oder Lachs kannst Du schicken, da ich ebenfalls seit vier Jahren solche Geschichten nicht gesehen habe; wenn Du diese nicht hast, so schicke mir

3*

ein geräuchertes Stück Rindfleisch, dies Alles jedoch so bald als möglich, da haben immer besser als kriegen ist und ich Euch einen tüchtigen Beweis zu liefern wünsche, daß meine Verdauungskraft noch nicht so sehr geschwächt ist. Nächstens sollst Du einen recht lustigen Brief von mir erhalten, nota bene, wenn Du ihn Dir durch die pünktliche Besorgung meiner Wünsche verdienst! Nicht wahr? ich bin doch recht eigennützig geworden, doch laß Dich das nicht grämen, ich denke, Du weißt, daß ich immer bleibe Dein Dich liebender Bruder F. Reuter.

Magdeburg, den 1. September 1837.

Geehrter Herr Kämpf!*

Vor's Erste meinen herzlichen Dank für das süße Geschenk; und für's Zweite eine Bitte um den Rest des vorhandenen Geldes, da ich jetzt im Lazareth mich befinde und mehrere nicht zu bestimmende Geldausgaben habe. Bitte um Entschuldigung wegen des Papiers und den Nichterfolg einer Quittung, da ich den Betrag des rückständigen Schneiderlohnes nicht kenne. Ew. Wohlgeboren ganz ergebenster F. Reuter.

(6 Thlr. 26 Sgr.) Der Bote ist der Lazarethbote.

---

* Auch dieser kleine Dank- und Wunschzettel findet sich, vermuthlich später durch den Bürgermeister selbst, dem vorstehenden Briefe angeheftet.

Magdeburg, den 21. October 1837.

Lieber Vater!

Wenn dieser Brief etwas kurz Dir vorkommen mag, so bitte ich es dem Umstande zuzuschreiben, daß ich den richtigen Ton nicht zu finden weiß und ich nur schreibe, weil Lisettens Krankheit und Dein Unwohlsein mir schwer auf dem Herzen liegt und ich mich deshalb an Dich wende mit der Bitte, mich in dieser Hinsicht so bald als möglich zu beruhigen. Der Herr Hauptmann und Platzmajor Singer hat mir versprochen an Dich zu schreiben und in seinem Briefe Dinge zu berühren, die ich deshalb unerörtert lasse, um nicht in den Fehler der Entschuldigung zu fallen. Wenn Du glaubst, diesem Briefe Kälte vorwerfen zu müssen, dann irrst Du, wirfst Du ihm aber Verworrenheit und Unklarheit vor, so hast Du Recht, denn ich befinde mich in einer Gemüthsverfassung, wenigstens für den Augenblick, die es mir unmöglich macht, die Sachen, die mir durch den Kopf gehen, zu ordnen und Dir deutlich zu machen.

Schon längst habe ich mir vorgenommen, Dich auf einen Punkt aufmerksam zu machen, der bei Deinem Briefwechsel mit dem mecklenburgischen Ministerio zur Sprache gebracht werden könnte oder leider zur Sprache hätte gebracht werden können, da es jetzt wahrscheinlich zu spät ist, nämlich: Man hat mich hier in Preußen wegen Hochverrath bestraft, an Mecklenburg kann ich

Hochverrath begangen haben, doch hat man dort nicht darauf erkannt und Preußen kann mich nicht wegen an Mecklenburg begangenen Hochverraths bestrafen; an Preußen kann ich keinen Hochverrath begangen haben, da hierzu die erste Bedingung fehlt, nämlich, daß ich ein preußischer Unterthan bin; und endlich an dem deutschen Bund kann ich keinen begangen haben, da derselbe sich in seinen Statuten gegen Eingriffe in die landesherrlichen Rechte der einzelnen Staaten verwahrt hat, auch derselbe alsdann einen Staat im Staate bilden würde, was nicht zu denken ist. Von dieser Seite betrachtet, könnte ich also nur als ein Feind Preußens angesehen werden. Die Begnadigung auf acht Jahr und die abschlägliche Antwort in Bezug auf Dömitz ist mir am 6. d. M. publicirt worden, jedoch nicht mit dem Beisatze, nach einem Jahre möchte ich wieder einkommen, und so sind die Hoffnungen in diesem Betrachte wohl zu sanguinisch von Deiner Seite. An meinem Hoffnungshimmel stehen aber andere Sterne, die ich Dir jedoch nicht mittheilen kann, weil nur deren Erfüllung mir das Recht dazu gibt. Der Herr Kämpf hat mir die gewünschten Sachen zum Theil schon geschickt, zum Theil habe ich sie aufgeschoben und habe mich mit dem Nöthigsten begnügt. Zwei meiner Cameraden hierselbst sind von Sr. Majestät begnadigt worden, der Eine von sechs Jahren auf zwei, der andere von zwölf Jahren auf 2 und sind schon entlassen, woraus Du sehen kannst, daß die Sache nicht so gefährlich ist als sie aussieht, und auch, daß die Begnadigungen sich nach Umständen richten, zu denen wir wenigstens nicht den Schlüssel haben. Ich bin gesund und wünsche Dir und Lisetten das Nämliche. An Lisette werde ich schreiben, wenn sie wieder besser ist und ich ruhiger. Lebe wohl und verzeihe Deinem Sohne

F. Reuter.

Sie will nicht untergehen, die Hoffnungssonne, und wirft immer noch wieder einen trügerischen Blick auf den scheidenden Tag zurück. Immer neue Belege und Gründe sucht das zermarterte Gehirn hervor — und Hohngelächter antwortet darauf! — Aber auch andere Schatten nahen sich wieder; — wer könnte da hart und theilnahmlos an solchem Geschicke vorübergehen?

Magdeburg, den 29. November 1837.

Lieber Vater!

Du wirst vielleicht schon einen Brief von mir erwartet haben, doch hatte mein Stillschweigen einen guten Grund; ich sage guten, insofern nämlich die bloße Hoffnung gut ist und das ist sie doch wohl, selbst wenn sie getäuscht werden sollte. Es verbreitete sich nämlich ein Gerücht, welches selbst in unserem Kerker wiederhallte, daß Sr. Majestät 40jähriges Regierungs-Jubiläum (am 16ten d. M.) den politischen Gefangenen eine günstige Veränderung bringen würde; man sprach von einer gänzlichen Amnestie, und da dachte ich denn bei mir, warum sollst Du dieses glückliche Ereigniß nicht abwarten und dich dann statt des Briefes auf die Post schicken, doch wie sehr auch die Hoffnungen von Tage zu Tage wuchsen, wie sehr auch die Pläne zur Reise berathen wurden, die Amnestie blieb aus, und so dachte ich, es sei wohl besser, wenigstens einen geschriebenen Boten in die Heimath zu senden. Eine Hoffnung haben wir alle noch, nämlich wenigstens auf die Citadelle zu kommen, da nämlich schon hier eine Commission zur Untersuchung der Gefängnisse gewesen ist, um zu bestimmen, ob dieselben gesund sind und da ist denn berichtet worden, — doch was berichtet worden ist weiß ich nicht und wenn ich es wüßte dürfte ich es doch nicht schreiben; also warten wir die Entscheidung, die, da schon 7 Wochen vergangen sind, wohl bald eintreffen wird, ab und beruhigen wir uns bis dahin. Mit meiner Gesundheit steht es gut und durch die Güte des Herrn — [Name dick durchstrichen] — wird auch für meinen Unterhalt gesorgt, schade, daß ich den Herrn nicht sprechen darf. Die Cholera ist uns gnädig vorbeigegangen und hat hier überhaupt nicht so böse gehaust, wie sie in Berlin gehaust haben soll; aber dennoch sind leider viele von uns sehr kränklich.

Meine Beschäftigungen sind die alten, nur mit dem Unterschiede des weiter Vorgerücktseins; denn beim Zeichnen bin ich so kühn gewesen mich an die Pastellzeichnerei zu machen und porträtire alles, was sich von mir porträtiren lassen will und alle, die mit mir Umgang haben können; ich glaube fast ich könnte, bei einiger größeren Uebung schon als Maler fungiren; aber halt, nun fällt mir ein, daß ich dir zum Troste doch schreiben muß, daß ich deßhalb doch nicht die Oekonomie vergessen habe, doch kann ich wirklich nicht, beim besten Willen nicht alles verstehen, den Koppe weiß ich auswendig und wenn ich die Encyclopädie, die beiläufig gesagt stärker ist als das Conversations-Lexicon, auch nicht auswendig weiß, so ist mir doch so ziemlich, mit Ausnahme der Kaninchen- und Ziegen-Zucht u. dgl. auch dort das Meiste bekannt; aber wie soll ich hier die Eintheilung der verschiedenen Ackerklassen kennen lernen, wie soll ich beurtheilen können ob jetzt Zeit ist zu wenden oder ob es noch zu naß u. s. w., der ich nichts andres Feld sehe als den Sand im Spuckkasten und kein andres Pferdegeschirr als wenn zum Gaudium unserer Nasen die Düngergruben ausgefahren werden. In der Hoffnung, daß Du wohl von der Hochzeit zurückgekehrt bist, und überhaupt vergnügt bist, schließe ich heute, um der guten Lisette auch noch ein paar Worte zu schreiben. Lebe wohl. Dein Sohn F. Reuter.

Ein sonniges, tief innerliches Gemüth wird niemals untergehen; so schwer auch die Schatten fallen, immer wieder wird es sonnenklar und warm durch alles Dunkel blicken; und nur in einem solchen Gemüthe lebt der unter Thränen lächelnde Humor, der, wie ein Kind, treuherzig seine Gaben giebt und nimmt, immer eine warme, offene Hand hat, Allen wohl und Keinem wehe thut. Und noch ein anderer lieber Tröster bleibt dem schwer geprüften Dulder zur Seite: die Freude und das Geschick an künstlerischem Schaffen. Sie haucht dem Herzen Wärme ein, wenn es erfrieren möchte, küßt die Lippen aus Verstummung und Erstarrung auf und öffnet dem befreienden Quell einen Weg aus der zerquälten Brust. So zur einen Seite von dieser Trösterin, zur anderen Seite von dem gemüthvollen, echten und nur deutschen Humor gehalten und getragen, geht auch unser Fritz Reuter, wie das Kind unter dem Geleite seines Schutzengels, weiter durch Tag und Nacht den endlos langen, müden, öden Weg, wo er aus eigenem Vermögen nicht mehr hätte zu gehen und sich zu halten vermocht. Ja, wahrlich den lieben die Götter, dem sie freundliche Rosen, Gaben ihrer Huld, in den Dornenkranz des Lebens flechten!

Der folgende Brief an Freund Clasen und die weiter folgenden Briefe erzählen davon.

Magdeburg, den 16. December 1837.

Lieber Freund! *

Es wird Dich Wunder nehmen, von mir aus Magdeburg einen Brief zu erhalten, da ich, von Natur sehr träge, der Mensch von allen Menschen bin, dem

---

* Commissionsrath Clasen in Stavenhagen.

das Briefschreiben am meisten zuwider ist, oder vielmehr gegen dessen Constitution dasselbe ist; aber eine Grille, die mir vor einiger Zeit durch den Kopf gefahren ist, und, laß mich hinzusetzen, meine frühere Freundschaft mit Dir hat mich bestimmt, Dich mit einigen Zeilen zu belästigen. Du empfängst mit diesem Briefe ein Paket, worin ich selbst enthalten bin, d. h. nicht in persona, sondern so gut als Kreidestaub und meine Schülerhand mich selbst in effigie nachkritzeln konnte, dies habe ich meinem Herrn Papa, dem Bürgermeister der ehrsamen Stadt Stavenhagen, zur Julklapp* zugedacht und ersuche Dich nun, dies mit einigem wenigen Geräusch, so gut wie ein zerbrochener Topf es nur machen kann, am heiligen Abend, oder, sollte es nicht zeitig genug ankommen, an einem anderen Abend auf den Hausflur der Curie und zwar auf den Tisch linker Hand zu stellen oder durch einen Deiner dienstbaren Geister stellen zu lassen, da es sich vielleicht nicht mit Deinen Geschäften, oder besser, mit der Würde eines Kauf- und Handelsstandes schickt. Willst Du einige Bogen Packpapier nicht schonen, so könntest Du meine Schwestern, Vettern und die ganze Sippschaft etwas

* Das Julklappwerfen (eingepackter Geschenke) am heiligen Abend unter dem brennenden Tannenbaum ist in Mecklenburg eine allgemeine Weihnachtssitte und trägt, mit allerlei Neckereien und witzigen Einfällen gewürzt, wesentlich zur Erhöhung der Weihnachtsfreude bei.

durch falsche Adressen foppen, doch das überlasse ich Dir.

Herzlich habe ich mich gefreut, daß Du jetzt in den Stand der geflickten Hosen getreten bist, aber auch geärgert habe ich mich, daß Du so leichtsinnig der Fahne der Junggesellen abtrünnig geworden bist. Wahrlich, mit dem Verliebtsein muß es ein arg Ding sein! Denken kann ich es mir nicht; aber versuchen möcht' ich es doch wohl mal! Ich bitte, Deiner jungen Ehefrau, meiner freundlichen Mitschülerin meinen demuthsvollen Respect zu vermelden und diesem eine Gratulation beizufügen, in der viel von Amor und Hymen drinnen vorkommt, auch bitte ich die Grazien und Charitinnen nicht zu schonen, sowie im Nothfall dann ja noch die neun Musen und die übrigen heidnischen Götter zu Gebote stehen. Ich würde dieser Gratulation noch eine andere hinzufügen, doch weiß ich nicht gewiß, ob meine Schwester mir prompt diese mit Dir vorgegangene Veränderung mitgetheilt hat. Deine Schwester Johanna würde ich mit Glückwünschen förmlich überschütten, wenn ich gewiß wäre, daß sie nicht im Vertrauen meiner Schwester den ganzen Kram mit dem Bilde verrathen würde, sowie ich mich denn aus diesem Grunde des Grüßens überhaupt enthalte.

Mit mir geht es schlecht, obgleich doch besser, als vor'm Jahre, wo ich zum Tode verurtheilt war, jetzt habe ich es schon bis auf 4½ Jahr von jetzt ab herunter gebracht, und so Gott will, dauert's nicht so lange; doch das Nähere hierüber erzähle ich Dir einmal mündlich, wenn ich erst im Vaterlande bin. Wir Alle haben hier die Aussicht, nächstens von hier nach anderen Festungen gebracht zu werden und so könnte es sein, daß ich nach Stettin käme, doch liegt dies noch im Dunkeln; auf jeden Fall bitte ich Dich jedoch, solltest Du mir die Freundschaft einer Antwort gönnen, vorher Erkundigung in meinem Vaterhause anzustellen, wo ich bin. Lebe wohl und besorge meinen Auftrag mit der größten Heimlichkeit und gedenke Deines Freundes F. Reuter.

Magdeburg, den 29. December 1837.
nächstens vielleicht Stettin?? —

Lieber Vater!

Obgleich ich mich über Dein letztes Schreiben gefreut habe, so hat doch die durch Deine und der Schwestern Unwohlsein hervorgerufene Verstimmung mich höchst unangenehm berührt und mir traurige Gedanken entgegengeführt, zumal da ich hoffte, Euch Alle fröhlich das Weihnachtsfest feiernd mir denken zu können. Hoffentlich wird sich bei der Ankunft dieses Briefes dies Alles in meliorem partem verändert haben, und das neue Jahr von Euch gesund und wohl begonnen werden, wenigstens werde ich das Beste für Euch wünschen.

Es steht uns wahrscheinlich eine Veränderung bevor, die bei Einigen sich sogar auf Versetzung auf eine andere Festung ausdehnen wird, bei Anderen hingegen auf Versetzung auf die hiesige Citadelle beschränkt sein wird; inwiefern ich dabei betroffen werde, ist mir zur Stunde noch unbekannt, doch kann es leicht sein, daß mein nächster Brief von einem anderen Orte datirt ist; ob ich es wünsche oder nicht? — das ist eine Frage, die mir nicht vorgelegt werden wird und so bleibe sie denn auch unbeantwortet. Ich muß aber auch aufrichtig bekennen, daß mich diese Ungewißheit auf das Unerträglichste spannt, und mir das aequam servare mentem höchst schwer wird. Aber es geht Allen so; da sitzen nun Alle und sinnen und denken, ziehen Schlüsse aus jeder brieflichen Nachricht, stellen Prognostika, ob es an die Weichsel oder an den Rhein, an die Ostsee oder an die Sudeten mit ihnen geht und sind am Ende froh, wenn's nur überhaupt fortgeht. Lisette ist so gut gewesen, Deinem vorigen Briefe etwas des Guten anzufügen, welches, wie ich wohl nicht zu versichern brauche, mit vielem Dank aufgenommen wurde; aber die Hauptfreude hat sie mir am heiligen Abend gemacht; ich war sehr vergnügt den Abend, aber wie diese schönen Sachen hier ankamen, denen der Herr Uebersender noch einige Aepfel, Nüsse u. dgl. zugefügt hatte, war ich wirklich aus dem Häuschen, da ich eher des Himmels Einsturz als so eine Ueberraschung vermuthete; gleichzeitig erhielt ich von mehreren meiner hiesigen Freunde ein sehr schönes Reißbrett nebst Schiene und aus Silberberg von ein paar Freunden Drechslersachen aus ihrer eigenen Fabrik; kurz, einen so freudigen Weihnachtsabend habe ich lange nicht gehabt.

Wie Lisette mir dunkel angedeutet hat, so ist Sophie ja Braut und noch dazu Ernst der Bräutigam; wie kommt es, daß Du mir nichts von dieser Alliance schreibst, oder ist dieselbe durch geheime Verträge stipulirt und dann von Dir clausulirt, so daß nur die Contrahenten und das Gericht davon etwas erfährt; aber Nichteingeweihte davon ausgeschlossen bleiben?

Daß Du so große Verluste erlitten hast und daß Dir die Gelder mangeln, thut mir sehr leid, zumal da ich vielleicht durch eine Versetzung gezwungen bin, mir hier vom Herrn K. Geld zur Reise auszahlen zu lassen, da wir vielleicht nur 5 Sgr. pro Tag erhalten werden, womit man doch nicht auskommen kann. Mein Brief wird heute kurz, auch schreibe ich nicht mehr an Lisette und Sophie, der ich es eigentlich zugedacht hatte, da ich wirklich vorher, ehe diese Sache sich entschieden hat, sehr wenig aufgelegt bin und daher den gebührenden Ton nicht finden möchte. Lisetten vor Allen meinen besten Dank für ihren Namen und für ihre so sehr große Güte, auf meine leisesten Wünsche so viele Rücksicht zu nehmen. Ernst und Sophie bitte ich vorläufig meine Gratulation abzustatten, ich denke, dies soll von mir selbst nachfolgen. Großmutter und Tante Jetting, Jetting viele Grüße. Lebe wohl und denke an Deinen Sohn F. Reuter.

Magdeburg, den 31. Januar 1838.

Lieber Vater!

So eben aus der Freistunde heraufgekommen, setze ich mich, vom Schneeschaufeln ermüdet, nieder, um ein Versprechen, welches ich mir selbst gegeben hatte, nämlich noch in diesem Monat Deinen Brief zu beantworten, zu halten, weil mir einfiel, daß heute der letzte dieses Monats sei. Daß Dein letzter Brief mir Freude gemacht habe, kann ich nicht sagen, er ist so traurig, und diese Traurigkeit ist in dem Styl so wiedergegeben, daß ich fürchten muß, die Gesundheitszustände der einzelnen Familienmitglieder sind betrübender, als Du mir wirklich mitgetheilt hast. Vor Allem, ist Deine Beschädigung des Knies ein Bruch oder nur eine Contusion, und ist sie wieder hergestellt; was bedeutet der Ausdruck Deines Briefes, wo von Lisettens Geschwür die Rede ist: „und damit verbundene Gefahr der gründlichen Wiederherstellung;“ wird das Geschwür ernsthafte Folgen haben? Sophiens Gesundheitszustand ist immer nicht der beste gewesen, und August, du lieber Gott, sollte bei dem das eintreffen, womit ein alter Charlatan mich bange gemacht hat und Dich dazu; bei mir ist bis jetzt die Sache noch so, wie sie zu Hause war, und nun soll der dieses Unglück erleben! Ich mag mich nicht genauer ausdrücken, und nur bitten, ihm meine besten Wünsche zu melden.

Mein lieber, guter Vater, wie sehr habe ich Dich in diesem Monat bedauert, wie sehnlich habe ich aus dem Fenster nach der Witterung und dem Thermometer gesehen, wie habe ich Schnee prophezeit zu Anfang Januar, und Alles vergebens, wir haben hier 18 Grad Kälte gehabt, und der Schnee, der jetzt freilich in einer zwei Fuß hohen Decke liegt, kam zu einer Zeit, wo die Kälte sehr heftig war. Deine Karden sind gewiß sehr mitgenommen, und mit aufthauendem Schnee wird noch wohl manches Andere als der Schnee selbst zu Wasser werden.

Wenn ich durch die Uebersendung des Porträts* nur das erreicht habe, daß es zur Aufheiterung auch nur eines Abends oder einer Stunde im elterlichen Hause gedient, so ist mein Wunsch vollkommen erfüllt worden. Recht hast Du, wenn Du von männlicher Farbe sprichst, aber, lieber Vater, der Ausdruck Gefangenenfarbe ist zur stehenden Bezeichnung bei Aerzten geworden, und 4½ Jahr im Zwielicht zu sitzen, muß

---

* Seines eigenen Porträts.

wohl Einfluß aufs Colorit haben; erzählt ja schon Alexander v. Humboldt, daß in den Bergwerken Brasiliens Pflanzen gezogen würden, die anstatt grün, weiß aussähen, freilich dann aber keine Früchte brächten. Auch darin hast Du Recht, wenn Du meinst, daß die Ausübung meines geringen Talentes mir manchen Dank von meinen Kameraden eingebracht hätte; nicht allein von diesen, sondern auch von den Eltern derselben ist er mir reichlich geworden, indem die meisten Porträts zu Weihnachtsgeschenken bestimmt waren, und so an den Rhein und nach Pommern, nach der Mark, Sachsen und Westphalen gewandert sind; auch kann ich mit Gewißheit versichern, daß von Stück zu Stück die Vervollkommnung zu erkennen ist; und jetzt, da ich an dem letzten meiner sechzehn Unglücksgefährten arbeite, muß mir das widrige Geschick passiren, daß der von Allen der am wenigsten Getroffene nächst mir ist.

Die außerordentliche Ungewißheit, in der wir Alle schweben, verhindert mich augenblicklich, dem Studium der Oekonomie so zu genügen, wie ich es wohl wünschte, indem ich mir hier nicht gern die mir jetzt dringend nothwendig gewordenen Bücher, entweder von Thaer oder Elsner, anschaffen möchte, weil ich noch immer hoffe, daß bei einer Versetzung auch eine Verbesserung meiner Lage eintritt, die es mir möglich macht, mit einem Sachverständigen über das zweckmäßigste Werk zu deliberiren; nöthig habe ich sie, da ich den Koppe fast auswendig weiß, und es wohl nicht gut ist, in verba magistri zu schwören, auch mein Freund, von dem ich die Encyklopädie geborgt habe, leicht von mir getrennt werden könnte.

Vor drei Tagen ist hier der erste Commandant, Graf von Haake gestorben, und heute ist ein, freilich bis jetzt noch nicht bestätigtes, Gerücht zu uns gedrungen, daß auch der zweite Commandant, Major Bock, verschieden sei; sollte dies letztere wahr sein, so würde es mich aufrichtig betrüben, da wir Alle, wie sich dies denn auf alle Weise ausspricht, in ihm einen wohlwollenden Mann gefunden haben.

Nun noch zur Mittheilung einer wahrscheinlich getäuschten Hoffnung! Wir werden Alle von hier versetzt, selbst die Kranken, auf deren Entlassung nicht allein der Stabsarzt Reiche, sondern auch der hiesige Generalarzt angetragen hat, und zwar kommen von 13 versetzbaren 8 nach Graudenz, einige nach Stettin und noch einige nach Pillau, und so würde es sehr wahrscheinlich sein, daß ich wieder gegen 80 Meilen weit nach Graudenz versetzt würde, indem einer schon halb und halb von K. das Versprechen erhalten hat, nach Stettin zu kommen, und ich noch immer nicht der Meinung bin, daß derselbe mich begünstigt; das wäre traurig! Mit einer directen Bitte an Se. Majestät bitte ich für jetzt noch einzuhalten und denke, daß es

4*

besser ist, entweder eine Reise des Großherzogs oder seiner Gemahlin nach Berlin im Sommer zu benutzen; oder, wenn dies nicht geht, nach Ablauf eines Jahres zuerst bei unserem Landesherrn einzukommen, und zwar so, daß ich seine Fürsprache in Anspruch nehme, diese Eingabe Dir zu senden, Du eine Anlage mit demselben Gesuch an Serenissimum machst, und nach Erlangung dieser Fürsprache Dich direct, und nicht durch einen Justizcommissär oder die Ministerialcommission an Se. Majestät selbst wendest; ich hingegen zu selbiger Zeit auf dem mir vorgeschriebenen Wege an die Ministerialcommission mich wende; diese ganze Procedur würde dann im August dieses Jahres vorzunehmen sein. So lange halte ich es noch gut aus, da meine Gesundheit jetzt gut ist und ich mich mit Schneeschaufeln beschäftigen kann, wozu mich in diesem Augenblick der Gefangenwärter abruft. Herr Kämpf ist außerordentlich gütig gegen mich, hat mich neulich hier besucht, und läßt mit seinen Aufmerksamkeiten gegen mich, die ich freilich nur eigentlich Dir zu danken habe, durchaus nicht nach; wofür ich gegen ihn, wie auch gegen den Herrn Hauptmann Singer, der ihm Gelegenheit dazu giebt, mit dem lebhaftesten Dankgefühl erfüllt bin.

Lisettens Geschenke für mich an Victualien sind mir sehr erfreulich gewesen, und haben mir und meinen Stubengenossen Gelegenheit gegeben, unsere Kochkunst so recht aus dem Vollen zu betreiben. Lebe wohl und grüße Alle von Deinem Sohn F. Reuter.

(Nachschrift.) Den 1. Februar 1838.

Die Nachricht von dem Tode des zweiten Commandanten ist leider wahr, und eben so wahr ist, daß die Versetzung binnen kurzer Zeit erfolgen wird.

Magdeburg, den 26. Februar 1838.

Lieber Vater!

Deinem Wunsche zufolge sende ich Dir meine Briefe nach St., den anderen nach Berlin. Wie sehr ich Deine Bemühungen, mir die Freiheit, die ich durch eigene Schuld verloren, durch Aufopferungen von Deiner Seite wieder zu erringen, anerkenne, bedarf gewiß keiner Versicherung; deshalb gleich zur Sache.

Sobald ich Deinen Brief durch die Güte des Herrn Hauptmann Singer, der ihn mir persönlich brachte, erhalten hatte, bewarb ich mich bei der hochlöblichen Commandantur um die Erlaubniß, mich bittschriftlich an unsere Frau Großherzogin und an Se. Majestät den König wenden zu dürfen, und bat gleichzeitig um ein Führungsattest. Das Letztere ist mir von Sr. Excellenz dem Herrn Generallieutenant von Thiele, dem jetzigen Commandanten, bewilligt worden, und Du wirst es beim Vetter Marggraff vorfinden, die beiden ersten

Punkte haben Se. Excellenz als unstatthaft abgewiesen, und zwar aus dem Grunde, daß es wohl besser sei, wenn Du selbst für Deine Person die Bittschriften einreichtest, da es mir auf jeden Fall den Nachtheil brächte, daß ich, im Fall daß der Plan mißglückte, erst von jetzt an gerechnet in einem Jahre wieder einkommen könnte, da ich doch sonst schon im August oder September dies thun könnte. Mit der Bitte, mich bis zur Entscheidung des Erfolges hier zu lassen, habe ich gar nicht gewagt hervorzutreten, da dies nicht von hochlöblicher Commandantur, sondern vom Kammergericht in Berlin oder von der Ministerialcommission abhängt.

Wie Du Deine Bittschrift an Se. Majestät einrichten willst, hängt ganz von Dir ab, ad vocem der Bittschrift an unsere Landesfürstin möchte ich wohl Dir einige Vorschläge machen. Du könntest wohl erwähnen, daß in moralischer Hinsicht die Strafe für mich strenger selbst als für die hiesigen Landeskinder ist, da ich in einem fremden Lande nach fremden Gesetzen verurtheilt bin und mich stündlich nach diesen Gesetzen zu finden habe, ja, daß dieser Nachtheil sich sogar noch nach meiner Freilassung in der öffentlichen Meinung in der Heimath bewähren wird, indem man mich als einen viel gefährlicheren Verbrecher bezeichnen wird, als meine Landsleute, da ich ja eine härtere Strafe erduldet hätte. Du kannst ferner anführen, daß von Preußen aus zwei Holsteiner, die mit mir zwar nicht in einer Verbindung, doch in einer von derselben Tendenz waren, ausgeliefert sind; daß Du das hervorhebst, wie ich nie in Preußen studirt habe, sondern auf der Durchreise verhaftet bin, versteht sich.*

Gebe Gott, mein lieber Vater, daß Du für Deine Mühe mit Erfolg belohnt würdest, Du verdienst es so sehr, da Du sogar Deine Gesundheit in Gefahr bringst, einen harten Stoß zu erleiden.

Wenn Du in B. bist, so versäume doch nicht, Dich zu erkundigen (und dies kannst Du am besten, meine ich, beim Criminalrath Dambach), ob ich im schlimmsten Falle schon durch Berlin abgeführt bin. Er weiß dies ganz gewiß, und wird vielleicht Dir sagen, an welchem Tage ich dort eintreffen werde, wo es dann vielleicht möglich sein wird, Dich beim Wechseln der Gensdarmen und anderen Verzögerungen auf einen Augenblick zu sehen (mein allersehnlichster Wunsch!); ich fürchte jedoch, daß entweder die Zeit verpaßt wird, oder daß es unter den eintretenden Verhältnissen nicht möglich wird.

Was das Zeichnen und Deinen gutgemeinten Vorschlag mit der hohen Person betrifft, so bitte ich Dich, davon abzustehen; ich werde dies aus Gründen, die ich nicht erwähnen mag, nicht thun, ausgenommen, Du befiehlst es mir.

---

* Siehe hier, wie in dem folgenden Briefe, auch Band I, Seite 214, Eingabe an das Kammergericht.

Der Herr Kämpf, der mich ordentlich mit seinen Aufmerksamkeiten überschüttet, hat mir gesagt, er habe an Dich geschrieben, Du möchtest doch dafür sorgen, daß sein Schwager eine passende Stelle als Landwirth in Mecklenburg fände; obgleich ich nun überzeugt bin, daß Du Dir die möglichste Mühe, nicht allein für eine Stelle überhaupt, sondern auch für die möglichst beste geben wirst, so bitte ich dennoch insbesondere darum. Aber am Ende komme ich schon zu spät, da ich erst kurz vorher, ehe dieser Wunsch mir bekannt wurde, geschrieben hatte.

Diesen Brief sende ich nach Berlin, den anderen nach Stav., in beiden wird so ziemlich das Nämliche sein.

Schone Dich auf der Reise, wie in der Hauptstadt, da jetzt bedeutendes Thauwetter eingetreten ist und dies wohl als ungesund für Dich anzusehen ist. Ich werde Deinen Rath auf der Reise auf das Pünktlichste besorgen. Lebe wohl und bringe Lisette was Schönes aus B. mit, wenn Du nach Hause kommst. Grüße Alle von Deinem Sohn F. Reuter.

Der vorstehende Brief enthält folgende Nachschrift:

Erlauben Ew. Wohlgeboren, Ihnen hierdurch meinen ganz ergebensten und herzlichsten Dank für die gütigst übersandten Spickgänse freundlich auszusprechen, und entschuldigen Dieselben die Verspätung desselben. Mit vieler Hochachtung Ew. Wohlgeboren ergebenster

Singer.*

Magdeburg, den 26. Februar 1838.

Lieber Vater!

Der für Dich nach Berlin bestimmte Brief liegt schon fertig vor mir, und da die Angelegenheit drängt, so wirst Du mir nicht zürnen, wenn ich schlecht schreibe und diesen nach St. bestimmten Zettel nur mit den nöthigen Bemerkungen anfülle.

Vorgestern Abend erhielt ich Deinen Brief, gestern schrieb ich an die hochlöbliche Commandantur und heute an Dich, um dieselben noch bei Zeiten an den Herrn Platzmajor zu senden, damit morgen der Herr Kämpf die Briefe besorgt.

Meine Bitte um ein Attest ist mir bewilligt, die

---

* Man wird sich erinnern, daß der Gefangene die Freundlichkeit des Herrn Hauptmann Singer und des Herrn Kämpf mehrfach anerkennend erwähnt hat. Von Bestechung und Bestechlichkeit kann, ganz abgesehen von dem geringfügigen Werthe der Gabe, nicht die Rede sein. Nichts, als das innerste Bedürfniß, seinen Dank zu äußern für die menschenfreundliche Begegnung, die sein nach dieser Seite hin nicht verwöhnter Sohn gefunden, trieb den Bürgermeister zu dieser kleinen schmackhaften Beilage, und es gereicht dem Feingefühle des Empfängers die Annahme derselben nur zur Ehre.

Einreichung der Bittschriften an Se. Majestät, sowie auch an die Frau Großherzogin ist mir abgeschlagen, und das aus zureichenden Gründen, die ich im Berliner Briefe hinlänglich dargelegt habe. In demselben habe ich auch einige Momente verzeichnet, die Du bei der Abfassung Deiner Bittschrift gebrauchen kannst; jedoch diese will ich lieber auch hier hinsetzen, zwar sind sie gerade nicht neu in unserer früheren Correspondenz, doch könnten sie Dir entfallen sein.

Du könntest wohl erwähnen, daß in moralischer Hinsicht die Strafe, die ich nun schon 2 Jahre, und, rechne ich den Untersuchungsarrest mit, schon 3 Jahre länger, als meine ganz ebenso verschuldeten Landsleute erdulde, für mich sogar strenger, als für die hiesigen Landeskinder selbst, indem sie in, ich außer dem Vaterlande bin, indem sie nach ihnen bekannten Gesetzen bestraft sind, ich nach fremden Gesetzen bestraft bin und nach diesen immerfort behandelt werde, ja daß diese Strafe mir nach meiner Freilassung in der öffentlichen Meinung der Heimath schaden wird, da jeder von einer längeren Haft auf eine größere Schuld schließen wird und so Vergleichungen mit mir und meinen Landsleuten anstellen wird, die ungerechter Weise zu meinem Nachtheile ausfallen würden. Zwei Holsteiner, Wiek und Kleekamp, sind ferner ausgeliefert worden. Mir ist ausdrücklich auf der Hausvoigtei die Correspondenz mit meiner Landesregierung untersagt worden. Ich könnte noch mehrere solche Sachen anführen, doch am Vorabende des morgigen Tages schweige ich lieber. Se. Excellenz der Herr General von Thiele haben uns die Erlaubniß gegeben, morgen das heilige Abendmahl einzunehmen und ich habe davon dankend Gebrauch gemacht.

Grüße den alten Herrn Sparmann und sage ihm, sein Vorschlag, den Lisette mir mitgetheilt, wäre zu abgenutzt, als daß ich ihn gebrauchen könnte, zumal sei er unfruchtbar.

Es ist Zeit zur Freistunde und zum Wegsenden der Briefe. Lebe wohl, in Berlin findest Du meinen Brief und das Führungs-Attest, welches gut ausgefallen sein wird. Grüße Lisette, Sophie und Ernst und die alte, gute Großmutter herzlich von Deinem Sohn

F. Reuter.

Wenn das Kammergericht mich von hier nach Graudenz oder eine andere Festung schicken will, so kann eine hochlöbliche Commandantur mir keine Aufenthaltsfrist zugestehen.

Der nun folgende Brief, der ohne Vermittelung der hohen Commandantur sich auf den Weg gemacht und glücklich sein Ziel erreicht hat, hebt den dicht geschlossenen Vorhang von der Festung Magdeburg und läßt das ganze Trauerspiel, das sich dahinter abspielt, in seiner nackten Wirklichkeit sehen. „Dor hadden sei denn" — nämlich die Untersuchungscommission — „wat Sauberes raken; up unsern Hof wiren twei Kloaken, wo Allens dat tausam flöt, wat gegen 500 Minschen, de in't Inquisitoriat seten, jichtens maken känen, un links von uns, nah Westen tau, lag 'ne grote Isengeiteri, von de wi den Steinkahlendamp ut de irste Hand kregen. — Dese frische Luft hedd ehr begripliche Wis' nich sihr tauseggt, un as ihrliche Lüd', de sei würklich wiren, hadden se ehr Gaudachten dorhen afgewen: ‚Den politischen Gefangenen im Inquisitoriat zu M. fehlt es an den drei nothwendigsten Lebensbedingungen, an frischer Luft, an Licht und an Wärme; auch ist das Trinkwasser, da es Flußwasser von unterhalb der Stadt ist, nicht zu genießen.'

So! Dat was denn nu nah uns' virjöhriges Elend dat Urthel von drei ihrenwirthe, sakverständige Lüd'; dor wiren nu Minister un Generals und Obersten un Upseihers un Schinnerknechts bi herümmer gahn un hadden seihn un hürt un raken, un keinen was infallen, dat wi, wenn wi dörtig Jahr afsitten süllen, doch ok dörtig Jahr lewen müßten.

Ik will nicks wider dorvon seggen, denn up Stun'ns noch, nah fiv un twintig Johr, kriwwelt mi de Hut, wenn ik doran denk. Un denn wunnern sik de Lüd' noch, wo Einer Demokrat warden kann. As wi inspunnt würden, wiren wi't nich, as wie rute kemen, wiren wi't All." — Wie lehrreich ist der letzte Satz für die Beurtheilung jener Dambach-Zeit; wie beherzigenswerth bleibt er für alle Zeiten! — Zum Glücke für den Verfasser bleibt dieser sein entwischter Brief der letzte aus Magdeburg geschriebene; ihm eine Erläuterung mitgeben, wäre überflüssig, eher abschwächend für seinen Eindruck; da ist nichts hineinzudeuten, nichts auszulegen; ruhig, würdevoll, überzeugend spricht aus ihm der wahre Mensch, der uns ergreift und an sich zieht.

Magdeburg, den 3. März 1838.

S. T.

Vorgestern empfing ich auf dem Dir bekannten Wege Dein Schreiben de 12. Februar und beeile mich, Deine, wenn auch unnöthigen Besorgnisse zu zerstreuen, zumal da sie wieder einen Beweis mehr geben, wie sehr Du für mein jetziges und künftiges Geschick sorgst. Warum wir hier fortkommen? Ich glaube schon in einem früheren Briefe diese Frage beantwortet zu haben, doch will ich es hier mit größerer Umständlichkeit thun. Unsere Zimmer liegen gänzlich nach Norden, so daß bis jetzt noch kein freundlicher Sonnenstrahl durch die Gitter und in das kleine, höher als das in der Kammer von Großmutters Schlafzimmer gelegene Fenster gedrungen ist; die Locale sind so feucht, daß Stiefel, Bücher, ja selbst Holzwaaren, vom Schimmel überzogen und verdorben werden. Die Heizung wird mit Luft bewerkstelligt, die unsinniger Weise oben hereinströmt, anstatt unten, so daß man kalte Füße und heißen Kopf erhält, ein herrliches Mittel, um künstliche Congestionen nach dem Kopfe hervorzubringen; das Wasser ist Elbwasser, widerlich weich und zuweilen gänzlich durch Schmutz und Sand untrinkbar. Des Tages haben wir zwei Freistunden, die in einem von hohen Mauern umschlossenen und gegen Norden gelegenen Hofe abgehalten werden und dem man, der Gesundheit wegen, an jedem

Ende eine große Kothgrube zugegeben hat, in welchen beiden Gruben sich die Abgänge von circa 200 Menschen sammeln. Alle diese Umstände, vereint mit der äußersten Beschränktheit der Zimmer, in welchem jeden meist zwei Mann wohnen, erzeugte häufige Krankheiten, die in diesem vergangenen Sommer sich so häuften, daß über die Hälfte im Lazareth sich befanden, worunter auch ich. Während meines Aufenthalts daselbst (also wäre es doch wohl möglich gewesen dasselbe zu thun) entwichen daselbst W. aus Halle und Rh. aus Westphalen, wie man sagt mit Hülfe B.'s aus B., den man früher hierselbst entlassen hatte. Diese Sache machte Aufsehen, und dem Stabsarzt Reich wurde der Vorwurf gemacht, viele unnöthiger Weise ins Lazareth aufgenommen zu haben; derselbe berief sich nun auf die Ungesundheit der Locale und auf seine früheren hierauf Bezug habenden Rapporte; eine Commission (bestehend aus dem hiesigen Generalstabs-Arzt, dem Regierungsrath André [ein Mediziner] und dem Ingenieur-Major vom Platz) wurde bestellt und erklärte die Locale für durchaus ungesund, worauf dann in Berlin die Versetzung beschlossen ward, und zwar auf andere Festungen, da hier kein Platz auf der Citadelle ist.

Auf Deine Furcht, das Entweichen betreffend, muß ich erwidern, daß ich Dir bei Deinem Aufenthalte in B. 1833 schon das Versprechen gegeben habe, nicht zu entfliehen, daß ich in Silberberg und auf der Reise die beste Gelegenheit dazu gehabt habe und sie unbenutzt gelassen, daß ich jetzt schon zu lange sitze, um jetzt erst solche Pläne zu fassen, daß ich weiß, Mecklenburg würde mich ausliefern müssen, und endlich daß ich Dich nie wieder sehen würde, welches der Hauptgrund ist. Also darüber beruhige Dich gänzlich, und wenn Du wüßtest, wie sehr ich mich in das Unvermeidliche gefunden habe, so würde dieser Gedanke Dir nie aufgestiegen sein. Es ist wahr, einzelne Anlässe lassen mich manchmal die offenbare Ungerechtigkeit meiner Verhaftung tief fühlen, die allgemeine Stimme, nicht allein meiner Unglücksgefährten, sondern auch nicht interessirter Männer, die wohl einen Blick in unsere Angelegenheit thun können, ist nicht geeignet dies Gefühl zu mildern, und die Gründe, die man mir von oben herab für die Gerechtigkeit meiner Strafen gegeben hat, sind so vague, daß man darin nicht einmal erwähnt hat, warum ich als Ausländer mit den Inländern gleich angesehen werden muß; aber lasse dies; ich denke so: besser wie diese Inländer bin ich gewiß nicht und deshalb kann ich kein besseres Loos erwarten, diese Verhaftung und Strafe wird vielleicht dazu dienen, mich zu einem nützlicheren Mitgliede der menschlichen Gesellschaft zu machen, als ich sonst vielleicht geworden wäre; des Herrn Wege sind unerforschlich.

Deine Befürchtungen in Hinsicht der spirituosa

muß ich in meiner jetzigen Stimmung ebenfalls für unbegründet erklären; ich habe im Ganzen keine Neigung dazu, und wenn ich auch zuweilen Lust in mir spüre, meinen Vorsatz fallen zu lassen, so habe ich zwei herrliche Gegenmittel dagegen, die mich bis jetzt nicht im Stiche gelassen haben, sie heißen Arbeit und Gebet Wenn auch in G. kein gutes Bier ist, so empfinde ich diesen Mangel durchaus nicht, da ich seit einiger Zeit, freilich ist sie nur kurz, nur Wasser trinke, und so werde ich mit Gottes Hülfe diesen meinen größten Feind auch überwinden.

Du schreibst, warum ich Dir nicht meinen Bedarf an Gelde gemeldet und deshalb Schulden gemacht habe. Die Wahrheit zu sagen, so kann ich mir keinen Vorwurf über das Nichtmelden meiner Bedürfnisse machen, wohl aber über die zu großen Ausgaben selbst; denn es ist hier, oder war hier nicht gestattet, mehr als 10 Thaler monatlich Zulage zu erhalten, und so würde mir, wenn ich auch um ferneres Geld gebeten hätte, dasselbe nicht zu Gute gekommen sein; baares Geld erhalten wir hier nicht und die Preise für unsere täglichen Bedürfnisse sind so abwechselnd, daß man durchaus nicht die Ausgaben, die man in einem Monat gemacht hat, controliren kann, und so hat sich denn beim Abschluß jeden Monats ein Ueberschuß der Ausgaben herausgestellt, welchem ich freilich durch größere Sparsamkeit hätte vorbeugen können.

Meine Abreise nach G. kann sich noch lange hinziehen, welches mir im Ganzen recht lieb ist, da ich auf diese Weise den Erfolg Deines Schrittes noch hier in M. erfahren kann. Der Grund dafür scheint folgender zu sein: Die Commandantur hatte bei der Bestimmung aus B., daß wir abgeführt werden sollten, den Stabsarzt veranlaßt, ein Gutachten abzugeben, ob wir es aushalten könnten Tag und Nacht, in einer Tour, mit Extrapost nach dem Ort unserer Bestimmung abgeführt zu werden, worauf dieser die Frage mit Nein beantwortet hat, theils in Betracht der Witterung, theils in Betracht unserer geschwächten Gesundheit, und nun wird man wohl milderes Wetter abwarten, um uns dann doch auf jene Weise expediren zu können, weil bei einer anderen, milderen Weise des Transportes der Kosten zu viel sein werden und unsere Gesundheit wohl nicht mit den Staatsausgaben in Vergleich gestellt werden kann; doch es mag kommen, wie es will, ich werde es schon aushalten, denn meine Gesundheit hat sich sehr gebessert.

So eben kehre ich aus der Freistunde in meine Zelle zurück, nachdem ich mich eine Stunde lang mit einer Arbeit unterhalten habe, die Du gewiß nicht räthst und von der ich früherhin nicht geglaubt habe, daß sie einmal in meinem Leben von mir vollbracht werden würde, ich habe nämlich den Hof gekehrt. Ein schmutzig Geschäft; aber doch ein Geschäft.

Ich werde diese Zeilen nach B. an die von Dir angegebene Adresse senden, indem ich voraussetze, daß Du schon dort sein oder doch nächstens dort eintreffen wirst. Ueber die Art, wie mir von der Commandantur es abgeschlagen wurde, die fraglichen beiden Bittschriften einreichen zu dürfen, bin ich zweifelhaft, ob es eine stricte Untersagung oder ein guter Rath gewesen ist, da mir meine Eingabe nicht schriftlich, sondern mündlich durch den Herrn Platzmajor beantwortet ist; ich glaube jedoch, es ist eine auf höfliche und schonende Weise ertheilte abschlägige Antwort, da seit dem Tode des Grafen Haake die Commandantur sehr schonend und freundlich mit uns verfährt und dieselbe die strenge Ordre hat, alle Bittschriften an die Ministerial-Commission einzuliefern und darauf zu sehen, daß dieselben vorher nicht in andere Hände gelangen. Der Grund dieser Maßregel scheint der zu sein: Man will machen, daß Sr. Majestät Gnade auf Empfehlung der Commission ertheilt werde.

Wenn Du nach B. kommst, so gehe vorher, ehe Du Deine Bitte bei der Frau Großherzogin angebracht hast und von derselben Bescheid erhalten, nicht zu K., er kann Dir nicht nützen, wohl aber schaden. Erhältst Du günstige Antwort, so ist es gar nicht nöthig und ich würde in Deiner Stelle dann den Erfolg der Fürbitte bei Sr. Majestät abwarten. Ist das Resultat nicht günstig, so rathe ich Dir, zu dem Herrn Geheimen Ober-Regierungsrath von Sch. zu gehen und mit dem über die Sache zu sprechen und ihn gradezu zu fragen, warum ich nicht nach preußischen Gesetzen bestraft werde und ob keine Aussicht auf Auslieferung oder fernere Begnadigung ist. Er ist es, der unsere Begnadigungen abfaßt und hat in Hinsicht seines Charakters, so viel ich nur höre, große Aehnlichkeit mit Herrn von L. Zu diesem kannst Du wohl schon vorher gehen, d. h. wenn Du ihm den eigentlichen Zweck Deines Aufenthaltes nicht mittheilst. Ich habe zwar keine großen Hoffnungen auf Begnadigung; aber ich glaube, der einzige Weg ist der durch die Großherzogin, und da möchte ich Dich noch einmal bitten, nicht sowohl auf Begnadigung als auf Auslieferung nach Dömitz zu dringen, es hört sich nicht so dreist, sondern bescheidener an und ist im Grunde genommen ganz dasselbe. Schlägt man Dir dies Alles ab, so kann Sch. noch viel thun, mehr eigentlich wie K., und wenn Du ihm die Sache beweglich darstellst, so glaube ich, daß er, wenn auch nicht jetzt, doch vielleicht späterhin Dir willfahrten ist; auf jeden Fall erhältst Du daselbst die sicherste Nachricht (nota bene, wenn er sie überhaupt sagt).

Seit dem Tode des General Haake hat unsere Lage sich wesentlich verbessert, da der General von Thiele so ziemlich das Gegentheil von dem ist, was der verstorbene Commandant war, er ist ein sehr menschenfreundlicher Mann, der den Menschen in uns über unser Vergehen nicht vergißt, und auf alle Weise sucht er unser Loos sowohl physisch, als auch geistig zu verbessern. Morgen gehen wir zum ersten Mal wieder in den öffentlichen Gottesdienst. Wenn Du das nächste Mal auf officiellem Wege an mich schreibst, so unterstreiche das Datum zum Zeichen, daß Du diesen Brief wirklich erhalten hast. Herr K. hat mir ein Empfehlungsschreiben nach G. versprochen, vom Herrn Platzmajor kann ich keins erhalten, da derselbe dort nicht bekannt ist. Dein F.

Wenn Du glaubst zu K. in B. gehen zu müssen, so sage ihm, bevor Du diese Sache bei unserer Großherzogin eingeleitet hast, doch ja nicht, hernach kannst Du es ja immer noch thun! Laß Dir vom Herrn Vetter Marggraff einen furchtlosen Justizcommissär nennen, sprich mit dem und laß Dir von demselben die Bittschrift aufsetzen, nimm aber keinen von denen, die man zu unseren Vertheidigern gemacht hat und die Dir Herr v. K. empfehlen würde.

P. S. Der Brief war schon fertig und harrte nur der Gelegenheit, abgesandt zu werden, als ein höchst unangenehmer Vorfall mich bewog, ihn wieder zu erbrechen, nämlich die Zurückkunft meines und des Herrn Hauptmanns Briefes nebst dem Zeugniß, welches hier nicht freigemacht worden war, indem der Herr Hauptmann glaubte, Du hättest das Nöthige an Marggraff geschrieben. Derselbe hat nun wahrscheinlich aus diesem Grunde den Brief nicht angenommen, und so ist er wieder hier angekommen mit 24 Sgr. Porto. Zum Glück reist die Schwägerin des Herrn Platzmajors (Fräulein v. Unruh) nach B., die sich erboten hat, denselben an die Adresse abzuliefern; es wäre ein fataler Streich, wenn in dieser Angelegenheit Unordnung entstände. Ich bin noch zweifelhaft, ob ich dies Schreiben durch den Herrn K. nach B. oder H. schicken lasse, doch da ich voraussetze, daß das Mißverständniß schon gehoben und Du vielleicht auf der Reise nach B. bist, so werde ich den Herrn K. bitten, den Brief frei zu machen, und hoffe, daß Du es richtig empfängst. Die Erlaubniß, heute zur Kirche gehen zu dürfen, ist widerrufen worden.

F.

Die Abführung auf die Festung Graudenz erfolgt schneller, als im letzten Briefe aus Magdeburg vermuthet wurde. Während der mehrtägigen Interimshaft der weiter geführten Gefangenen auf der Stadtvogtei in Berlin zeigt sich der Geist der Dambachs jener Tage in seiner ganzen Ungeheuerlichkeit. Der Bürgermeister Reuter befindet sich in Berlin, als sein Sohn dort eintrifft und untergebracht wird; — der Sohn, der seinen Vater am selben Orte anwesend weiß, um eine Minute des Wiedersehens fleht, auf Foltern gespannt mit seinen Augen an der Thür hängt, die allein ihn von seinem Vater scheidet, — darf ihn nicht sehen, nicht einen kurzen Augenblick in seine offenen Arme eilen, um sich einmal an der Brust des Vaters auszuweinen, — um sich vielleicht auf ewig von ihm loszureißen! Der Vater darf die Thür, die ihn von seinem Kinde trennt, nicht einstoßen, darf seinen Sohn nach fünfjähriger Trennung und fünfjährigem Verschlusse im Kerker nicht in seine Arme schließen, um ihn vielleicht auf Nimmerwiedersehen in die neue, an 80 Meilen weite Festung fortschleppen zu lassen! Herr Dambach will es so, — und Herr Dambach hat die Macht und Befugniß, alles menschliche Fühlen mit Füßen zu treten!

Der Augenblick ist gekommen, wo der Kelch geleert, der giftige Stachel bis in das tiefste Herz gestoßen werden soll. Fritz Reuter nimmt und trinkt den Kelch und öffnet seine Brust dem tödlich verwundenden Stoße wie ein Mann. Seine kernige, gesunde Natur überwindet zwar auch diese grausame Demüthigung, aber er vergißt und vergiebt sie nicht. In dem ganzen Buche „Ut de Festungstid" findet sich kaum ein bitteres, heftiges Wort; alle seine namenlosen Leiden klingen in versöhnenden Humor aus; nur dieser Augenblick preßt ihm einen Weheschrei voll Bitterkeit und lauter Anklage aus gegen den „Niederträchtigen", und er zieht ihn mit furchtbarem Ernste zur Verantwortung noch am Tage des letzten Gerichts.

Im Kapitel 12, Seite 122 „Ut mine Festungstid", da steht die Geschichte dieses Augenblicks in schlichten, einfachen, aber ergreifenden Worten geschrieben; möge sie ein Jeder aufschlagen, wer diesen Augenblick verstehen, seine wirkliche Sprache hören will; die Briefe reden nur eine Sprache mit verhaltenem Athem, voll zurückgepreßten Grimmes; das Amtssiegel schiebt sich zwischen Seele und Seele; der einzige Trost der Einsamkeit, als Mensch, als Kind nur einmal sich ganz auszusprechen, muß umkehren vor der Kerkerthür; das Herz hat keine Rechte mehr, kein Ohr darf es hören, stumm muß es seine Noth hinunterwürgen; das aber ist des Kerkers grausamste Qual! —

Zum zweiten Male läßt der Gefangene, als er aus der Stadtvogtei seine Weiterreise antritt, eine Hölle hinter sich. „Schandor Nes' un uns' Herr Gott erlösten uns dormals ut unse Qual, un ik will den Herrn Criminaldirekter Dambach dat nich anreken, eben so as ik äwer sine annern Quälerien, de hei in den Uenner-säukungsarrest gegen mi utäuwt hett, uk einen dicken Strich maken will; äwer in eine Hinsicht sall hei mi Red' stahn — hei is all dod, up dese Ird kann hei't nich mihr — äwer up Jensid sall hei sik verantwurten, worüm hei minen ollen Vader, de grad in desen Dagen in sine hartliche Leiw för sinen einzigsten Sähn nah Berlin kamen was, üm wat för sin Fri-kamen tau dauhn — worüm hei minen ollen Vader de twintig Schritt tau min Gefängniß nich wis't hett, dat de Sähn doch an Vaders Bost mal utweinen künn, — doräwer sallst Du mi Red' stahn!" —

Die aus Magdeburg in Graudenz eingelieferten Gefangenen sehen ihre äußere Lage nach allen Richtungen hin wesentlich gebessert; „wil wi't so gaud noch meindag nich hat hadden, un von den Esel up't Pird kamen wiren, so lewten wi uns bald in de Verhältnissen in." — Und dazu half der alte ehrwürdige, menschenfreundliche Commandant, General von Toll, nach Kräften mit, der den eintreffenden armen Sündern gleich mit einem freimüthigen Glaubensbekenntniß seiner Pflichten entgegentritt und zu ihnen „mit ne dütliche westphälische Utred" sagt: — — „Sie sollen's hier auch gut haben, denn meine Sache ist es nicht, Leute, die im Unglück sind, noch mehr hinunter zu treten."

Graudenz, den 17. März 1838.

Lieber Vater!

Wie sehr habe ich gebeten am 11., 12. und 13. d. Mts., als ich mich zu B. auf der Hausvogtei befand, daß man mir erlauben möge, einen kleinen Zettel an Marggraff schreiben zu dürfen, doch vergebens, man hat mir nicht einmal Antwort auf meine Bitten gegeben, selbst nicht als ich auf's Dringendste bat, mit der Bemerkung, daß es nun bereits fast 5 Jahre wären, wo ich Dich nicht gesehen hätte, und daß die Aussicht darauf durch meine Versetzung nach Graudenz so gut wie aufgehoben wäre. Es bleibt Dir überlassen, einen passenden Ausdruck für dieses Verfahren aufzufinden, ich würde es mit einem Namen benennen, der in diesem Briefe keinen Platz finden darf. Doch genug hiervon! Am 10. Morgens 5 Uhr fuhr ich mit meinem Freunde Schulz unter Begleitung zweier Gensdarmen mit Extrapost von Magdeburg ab, kamen um 1 Uhr am 11. auf der Hausvogtei an, wurden daselbst zwei Tage in peinlichster Ungewißheit gelassen und am Morgen des 13. um 6 Uhr nach Graudenz abgeführt, woselbst wir nach einer höchst angreifenden, drei Tage und zwei Nächte andauernden Reise am 15. des Abends eintrafen. Obgleich ich von der Reise höchst angegriffen worden bin, so bin ich doch jetzt ganz wieder wohl und munter, und fange von heute an gerechnet mit meinen Arbeiten wieder an.

Wenn mich etwas erheitern kann, so ist es das Bewußtsein, in Magdeburg mir sowohl unter meinen Kameraden, als auch außer diesen viele Freunde erworben zu haben, wie sich dies vor Allem beim Abschiede herausstellte. Obenan steht gewiß der Herr Kämpf und der Prediger Herr Dr. Leist, welche beide mit der größten Aufopferung von Zeit mich dort besuchten, und denen ich meinen Dank nochmals von hier aussprechen werde. Herr Kämpf hat die Güte gehabt, meine Geldangelegenheiten zu besorgen, hat mir 10 Thlr. zur Reise und 10 Thlr. zur ersten Einrichtung hierselbst gegeben, hat dann 9 Thlr. und einige Groschen dort noch bezahlt, die ich zur Anschaffung von Kleidungsstücken, Stiefeln, Koffer und für ein Douceur an die Wärter habe verwenden müssen. Viele für mich unentbehrliche Sachen, die zur häuslichen Einrichtung gehören, habe ich nun leider zurücklassen und sie hier wieder anschaffen müssen, welches einen bedeutenden Ausfall in meinem Gelde verursacht hat; deshalb bitte ich Dich, mir zum Anfange kommenden Monats einiges Geld an die hochlöbliche Commandantur zu senden, zumal ich noch bis jetzt nicht bei einem hiesigen Handlungshause accreditirt bin, welches jedoch jedenfalls nächstens laut Versprechen des Herrn Kämpf, der hier selbst auf der Festung in Handelsverbindungen steht, geschehen dürfte.

War mein Abschied traurig in Magdeburg, so war

meine Ankunft hierselbst sehr erfreulich. Wir sind von der Hölle in den Himmel gekommen. Freie Luft, schönes Wasser, angenehme und gesunde Lage machen diesen Ort angenehm; aber vor Allem hat uns des Herr Obrist v. Toll, Kommandanten, leutseliges und freundliches Wesen, seine schon in der kurzen Zeit vielfach bewiesene Güte und seine anerkannte Milde die Hoffnung auf glücklichere Tage, als die früheren, erwachsen lassen. Wir bewohnen hier freilich Kasematten, doch scheinen sie nicht so feucht und ungesund zu sein, wie die Silberberg's. Ich glaube das Nöthigste Dir geschrieben zu haben, mein lieber Vater, erwarte jedoch binnen ganz kurzer Zeit einen ausführlicheren Bericht von mir; wir müssen noch packen und aufräumen, um unser Zimmer wohnlich zu machen. Freistunden haben wir von 8 bis 10½ des Morgens, und von 3 bis 5½ des Abends; also hinreichend, um uns Bewegung zu machen. Grüße die Schwestern; vielleicht fällt im nächsten Briefe eine Reisebeschreibung für sie ab. Lebe wohl und gedenke Deines Sohnes F. Reuter.

Graudenz, den 23. April 1838.

Mein lieber Vater!

Wenn Dein letzter Brief mich auch vielleicht betrübt hat, da sein Inhalt voll Täuschung und Unglück ist, so hat er mir, durch Deine Sorgfalt für mich und meine

Angelegenheiten, doch eine trostvolle Hoffnung, nicht ganz verlassen zu sein, genährt. Wie habe ich Dich bedauert während des schlechten Wetters, wo ich Dich richtig zu B. vermuthete, wie unangenehm bin ich von den Nachrichten über Deinen Aufenthalt zu B. berührt worden, wahrlich nicht um meinetwillen, sondern wie ich Dich mir vorstellte, wie Du in Deinem Alter noch mit Besuchen geplagt würdest, die so sehr wenig zu Deinen Neigungen und Gewohnheiten gehören, und doch vielleicht sind alle diese Versuche, alles Mißgeschick der Reise vergebens. Doch dem sei, wie ihm wolle, wenn Du nur nicht böse Folgen Deiner Anstrengungen verspürst.

Ueber den Rath, den Dir die respectiven Herren gegeben haben, kann ich kein Urtheil haben, da das Verfahren gegen uns außer aller Regel ist und mehr von subjectiven Ansichten, als vom objectiven Gesetz abhängig ist; über die Hoffnungen wage ich nicht zu urtheilen, weil der Täuschungen so viele, auch die gegründetsten vernichtet haben.

Traurig ist es nur, daß Du so große Verluste durch den Kardenbau erlitten hast, und noch mehr scheint mir die verdoppelte Anstrengung, diesen Verlust zu ersetzen, für Deine Gesundheit und Ruhe fürchten zu lassen. Ich verhehle es mir wahrlich nicht, daß dies Dein ruheloses Alter meine Schuld ist, und daß es hätte anders sein müssen, wenn's recht wäre. Du verstehst mich und ersparst mir eine Wiederholung, die häufig in meinen letzten Briefen vorkommt.

Jetzt zu dem Theile Deines Briefes, der für mich der wichtigste ist. Du schreibst, ich solle die bei Seite gelegte Jurisprudenz wieder auffassen, oder wünschest es doch sehr; ich könnte nun wieder, um Dich zu beruhigen, sagen: ja! Was wäre aber das Resultat? ich täuschte Dich, wie ich mich zu täuschen mich bemühen würde, ich würde vielleicht mit Mühe, mit ungeheurer Ueberwindung eine Zeit lang darin arbeiten und fleißig sein; aber immer würde ich abgezogen werden, weil ich von allen Zweigen des menschlichen Wissens, von allen Beschäftigungen gegen diese am meisten eingenommen bin, und mein Schicksal dient wahrlich nicht dazu, mir dasselbe angenehmer zu machen. Und wenn ich nun auch alle Hindernisse besiegt hätte, und das geworden wäre, was Du mir als Ziel aufsteckst: „Advocat", was wäre mein Loos? Ein höchst problematisches! Sollte ich danach trachten, mir eine selbständige Existenz zu erwerben, so könnten nur zwei Dinge mir dazu verhelfen: ich müßte eine Art lumen in der Wissenschaft werden, was ich mir bei einer so ungeheuren Concurrenz in M. nicht zutraue, oder zweitens so eine Art von Proceßjäger werden, wozu Du mir nicht rathen wirst. In diesem Stande würden mir Einschränkungen sehr erschwert werden, ja in manchen Fällen unmöglich, da nach meiner Ansicht eine Person dieses Standes der Oeffentlichkeit mehr angehört als irgend ein Anderer. Bin ich Landmann, kann ich meinen Haushalt eher einschränken, wenn mir die Mittel zu Luxus fehlen. Wenn ich auch hier keine übergroße Erfahrung sammeln kann, so habe ;ich mir doch schon einen kleinen Vorrath von landwirthschaftlichen Bemerkungen, theils aus Büchern, theils durch die Conversation errungen, den ich wohl gebrauchen kann. Meine Constitution, meine ganze Geistesthätigkeit paßt mehr zu praktischer als theoretischer Beschäftigung. Du schreibst mir, Du könntest mir wahrscheinlich kein Vermögen hinterlassen, das zu einer völlig unabhängigen Existenz hinreichend sei; habe die Güte und schreibe mir, wie groß ist der Werth Deines Nachlasses, den Du mir zu bestimmen gedenkst? Ich werde mich im nächsten Briefe dann weiter darüber auslassen. Ich brauche wohl nicht diesen Wunsch zu entschuldigen, indem ich eingestehe, er sei unzart, ich thue es nur, indem ich glaube, auf diese Weise am besten für meine Zukunft einen Plan entwerfen zu können.

Meine Gesundheit ist gegenwärtig so gut, als sie in fünf Jahren nicht gewesen ist, Bewegung in frischer Luft, Mäßigkeit, gesundes Essen und frisches Wasser werden sie mir erhalten; Herr Schwerdtfeger, den ich schon einigemal das Glück gehabt habe zu sprechen, wird Dir dasselbe bestätigen; er ist so freundlich gewesen, schon vor Ankunft Deines Schreibens ein anderes von Herrn Kämpf an mich gerichtetes zu honoriren. Letzterem habe ich natürlich von hier aus geschrieben, und habe schon hier wiederum Beweise seiner Freundschaft zu rühmen, indem er mir Lisettens Brief und ein Fäßchen geschickt hat.

Wie lange ich mit dem Gelde auskommen werde? Es wird Dich befremden, wenn ich schon zu Anfang Juni einer neuen Sendung entgegensehe; aber die Einrichtung kostete mir hier viel. Vieles muß ich hier viel theurer bezahlen als in M. In M. hatten wir Aufwartung umsonst, hier kostet sie 20 Sgr. pro Monat, in M. das Essen zu 2 Thlr. 15 Sgr., hier 3 Thlr., in M. ein Bett 20 Sgr., hier 1 Thlr. 10 Sgr. In Magdeburg erhielten wir freie Heizung, hier freilich auch, aber zu wenig für unsere große Kasematte, so daß wir schon 1 Thlr. 15 Sgr. für Holz ausgegeben haben; und so geht es fort. Um eins bitte ich jedoch, schicke mir keine Victualien, da ich sie hier weniger bedarf.

Der Herr Obrist von Toll hat das wohlverdiente Glück gehabt, zum Generalmajor zu avanciren. Der Herr General haben die Güte gehabt, mir zu erlauben, mit dem Thierarzt bei der hiesigen Artillerie über seine Kunst Erkundigungen einzuziehen, die mir derselbe denn auch ertheilt.

Neulich sind wieder drei Magdeburger hier eingetroffen, indem der Vierte in Berlin wegen Geisteskrankheit hat zurückbleiben müssen; wir sind jetzt sechs hier, von denen fünf recht gut harmoniren. Grüße Alle herzlich von mir! Lebe wohl, und vergiß nicht Deinen Sohn F. Reuter.

Mit freudiger Antheilnahme können wir nun eine Reihe von Briefen ohne Unterbrechung erzählend an uns vorübergehen lassen; wohlthuend athmet uns aus denselben neue Frische, körperliche und geistige Gesundung entgegen. Die schweren Wunden, welche die Kleist-Dambach'sche Justitia in Berlin dem Sohne und Menschen geschlagen, verharschen — dank seiner gesunden Natur — alsbald, da der nach Graudenz übergeführte Gefangene sein derzeitiges Geschick in menschenfreundliche Hände gelegt fühlt. Endlich scheint wieder einmal eine freundlichere Sonne in sein trauriges Leben hinein; freier, versöhnter blickt er aus sich selbst heraus. Nur das unglückliche Rechtsstudium, an welchem die treue Fürsorge des Vaters als an dem Heil der Zukunft mit zäher Hartnäckigkeit meint festhalten zu müssen, steigt Zwiespalt drohend wieder in der Ferne auf, da der Sohn seine immer von neuem wachsende Abneigung dagegen nicht zu überwinden vermag. Es scheint, als ob der Mann, dessen Leben sich in der Sorge um das Schicksal des Sohnes verzehrt, von dem Schicksale selbst bestimmt ist, ihm sein dunkles Verhängniß zu schmieden.

Graudenz, den 9. Mai 1838.

Lieber Vater!

Sicher hast Du Dich jetzt schon überzeugt, daß ich Dich nicht vergessen habe, denn an dem Tage, an welchem ich Deinen Brief erhielt, wirst Du meinen vom 24. schon längst erhalten haben; oder sollte er nicht angekommen sein, so sei versichert, er ist liegen geblieben, und ich mache mich anheischig, Dir durch die hochlöbliche Commandantur ein Zeugniß über dessen Absendung beizubringen. Gestern erhielt ich Deinen zweiten unbeantworteten Brief und indem ich mich entschuldige den ersten vom 22. April datirten bis jetzt noch nicht beantwortet zu haben, muß ich Dich zugleich auf den langsameren Gang der Briefe aufmerksam machen. In den Fehler der Unhöflichkeit gegen Dich werde ich gewiß nicht wieder verfallen.

Was soll ich Dir schreiben über die traurigen Aussichten in Bezug auf meine Freilassung? Ich wiederhole blos das, was ich in M. schon schrieb, daß ich auf die gethanen Schritte keine besondere Hoffnung setzte, ich würde jedoch lügen, wollte ich sagen, ich hätte durchaus keine gehabt. Doch trösten wir uns mit einem traurigen Trost, so wie ihn die Mittelmäßigkeit so oft anführt: meine armen Cameraden sind schlimmer daran als ich, sie sind alle mit 10 Jahren begnadigt, d. h. die sich hier befinden, über andere kann ich keine Nachricht haben, da es neuerdings verboten ist, mit ihnen zu correspondiren. Im September ist wieder ein Jahr verflossen, dann werde ich von Neuem um Begnadigung einkommen und werde wieder (der allgemeinen Meinung nach) eine Herabsetzung der Strafe erlangen, falls Deine und der Landesregierung Schritte erfolglos sein sollten.

Ueber meine Lage hierselbst werde ich nur wenig schreiben, es ist dies Wenige jedoch hinreichend, um Dich zu beruhigen. Wir haben hinreichend Zeit, uns Bewegung zu machen, und haben sehr menschenfreundliche Vorgesetzte. Der Herr Schwerdtfeger, welcher mit dem letzten Briefe zugleich geschrieben hat, wird Dir dies schon geschrieben haben.

Warum soll ich Dich, warum mich betrügen, lieber Vater, wenn ich auf Deine Vorstellungen wieder mich entschlösse, zur Rechtswissenschaft zu greifen. Ich habe schon gesagt, sie sei mir aufs Höchste zuwider, darauf wirst Du mir antworten: was vernünftig ist, darf keinen Widerwillen einflößen; ich muß nun bemerken, daß ich eigentlich mich mit dieser Redensart beschmeichelt habe, und daß ich hätte sagen sollen: ich fühle, nachdem ich fast fünf Jahre lang durchaus nicht an diesen Zweig des Wissens gedacht habe, daß es mir unmöglich sein wird, es darin zu etwas zu bringen. Laß mich nun noch dies hinzufügen: Vielleicht werde ich 31 Jahre alt, bevor ich frei werde, dann muß ich noch mit Inbegriff der Zeit, die ich zum Examen gebrauche, 3 Jahre studiren, macht 34 Jahre. Und was bin ich dann? ein junger Advocat, der sich erst eine Praxis erwerben muß; aber ich bin noch mehr: ich bin ein meckl. Advocat, der, es mag ihm wohl oder übel gehen, nur in

M. existiren kann, bin zu einer sitzenden Lebensart verdammt, die ich nicht vertragen kann, kurz lieber Salz und Brod und freie Luft, als Braten und Acten. Doch Du bist so gütig gewesen, mir freie Wahl zu lassen, und so hätte ich mir diese Tirade wohl sparen können; wäre ich frei, Du würdest, wenn auch nicht mit meinen landwirthschaftlichen Kenntnissen, doch wenigstens mit meinem Eifer und meiner Liebe für die Sache zufrieden sein.

Dein Mißgeschick mit den Karden hat auch mich auf diesen Gegenstand vorzugsweise aufmerksam gemacht. Was ich bisher darüber gelesen habe, war sehr mangelhaft, und so habe ich mir ein Büchlein darüber verschrieben, welches Dir vielleicht bekannt ist: „Das Ganze des Kardenbaues“ von Reider, Preis 8 Gr. Ich wollte, daß unser halber Namensvetter (es ist ein Baier) voll von praktischen Winken steckte, die ich Dir dann mittheilen werde, wenn Du es nicht vorziehen solltest, es Dir selbst anzuschaffen. Dies, sowie ein anderes von Elsner, erwarte ich nächstens. Aus Deinem neuesten Briefe ersehe ich, daß es Dir nicht möglich sein wird, meine Anfrage, die ich zum zweiten Male nicht niederschreiben mag, zu beantworten, da Dein Vermögen zu sehr von dem Erfolge der Zukunft abhängt, als daß Du es jetzt bestimmen kannst. Ich bescheide mich natürlich gern und habe das feste Vertrauen auf Deinen Scharfblick und Anwendung von Sorge und Mühe und wünsche nur, daß das Glück Deine Bemühungen krönt, so wie es die des guten Ernst zu krönen scheint, dem ich meine Gratulation deshalb abzustatten bitte.

An den Herrn Kämpf habe ich geschrieben, und habe schon vor einigen Tagen eine sehr freundliche Antwort erhalten, der durch drei große Würste noch mehr Nachdruck gegeben ist. Darin, daß Du dem Schwager des Herrn Kämpf Dein Haus angeboten hast, erkenne ich Deine große Liebe zu mir, und bitte, meinen herzlichsten Dank dafür entgegen zu nehmen.

Gott erhalte Dir Gesundheit und guten Muth; ich denke mein Schicksal tragen zu können. Der alten, guten Großmutter, sowie Lisetten, Sophien, Ernst und Karl meinen Gruß! Nun lebe herzlich wohl und gedenke Deines Sohnes F. Reuter.

Sollte mein voriger Brief nicht angekommen sein, so bitte ich für den Monat Juni um etwas Geld, da ich hier zu Anfang viele Ausgaben gehabt habe, die nun freilich fortfallen und fortfallen müssen.

(Stavenhagen) Graudenz, den 8. Juni 1838.

Sieh! wie lebhaft ich an Euch dachte, daß ich statt Graudenz Stavenhagen schreibe.

Mein lieber Vater!

Die trüben Gedanken, die mir Deine vorletzten Briefe gemacht haben, sind, wie Nebel vor der Morgensonne, vor Deinem letzten Schreiben geflohen, eine große Heiterkeit und Dankbarkeit gegen die Vorsehung sind über mich gekommen und durch den Genuß einer fröhlichen Gesundheit erhöht worden. Wie sollte ich aber jene Dankbarkeit anders bethätigen, als dadurch, daß ich Deine so billigen Wünsche erfüllte und Dir zur Vergeltung eine Antwort zusendete, die ebenso von Hoffnung durchdrungen ist, wie die Deinige? Die Gegenwart bietet dem Gefangenen nichts Erfreuliches, es sei denn, daß er es in sich fände, und so muß er sich mit dem Laube begnügen, welches die Hoffnung und Erinnerung ihm um die Schläfe winden, sollte das der ersteren auch nie die Knospe sprengen und das der anderen längst verwelkt sein.

Voll Hoffnungen soll mein Brief sein! aber ich verspreche noch mehr, soll auch voll Wahrheit und fröhlicher Wirklichkeit sein. Meine Gesundheit ist gut, die Farbe der Gefangenschaft, die Dir auf meinem Portrait so schlecht gefallen hat, ist verschwunden, meine Verdauung ist so gut, daß ich den Kaffee ebenfalls entbehren kann und à l'enfant des Morgens, sowie auch des Abends Milch und Schwarzbrod genieße, wobei ich mich sehr wohl befinde; und so wäre denn nur noch die Pfeife von allen Luxusartikeln übrig; aber mit dieser Freundin der Einsamkeit ist es eine böse Sache, ich fürchte, sie hat sich ungefähr so tief bei mir eingenistet, wie Ernst in das Herz von Sophien, freilich wird sie zuweilen gänzlich in Ungnaden entlassen, aber wie lange dauert's, so verlangt sie schon wieder Nahrung, die ich ihr denn auch in einem sehr leichten homöopathischen Tabak verabreiche.

Mit meiner Gesundheit verbessert sich auch meine Casse, für die Du so sorgfältig Deine Aufmerksamkeit verwendest, und wenn ich auch das mir ausgesetzte Quantum verbrauche, so darfst Du auf meine Oekonomie doch keine nachtheiligen Schlüsse bauen, es hat dies einen Grund, den ich Dir besser einmal mündlich sage, wo Du ihn sicher billigen wirst. Bei alle dem erspare ich jedoch so viel, daß ich mir kleinere Werke für mein Studium anschaffen kann, welches ich von jetzt an alle Monat thun werde, da eine Gelegenheit, Bücher ökonomischen Inhalts geliehen zu erhalten, mir hier nicht geboten ist; wenn aber größere Sachen kommen sollten, so muß ich mich an Deine Güte wenden, damit Du mir wenigstens erlaubst, eine Anleihe bei dem hier vorräthigen Gelde zu machen. Jetzt denke ich mir Thaer's rationelle Landwirthschaft anzuschaffen, welche aber 10 Thlr. kostet, zu deren Ersparung ich circa fünf Monate gebrauchen müßte, was mir zu lange dauert, und so werde ich nicht darauf warten, sondern mir dieselbe alsbald bestellen. Der Neider ist ein kleines, trauriges, ohne Geist und Speculation geschriebenes Büchelchen, und scheint sich der Verfasser mit Wenigem begnügt zu haben, denn für's Erste gesteht er ein, nicht einmal die cultivirte deutsche Distel, sondern die in Baiern wildwachsende gebaut zu haben; ja, da ist's möglich, daß, wie er behauptet, ihm nie eine Pflanze erfroren sei, ferner baut er dieselben auf magerem Boden, der zwei Früchte, Weizen, Gerste — getragen hat, und meint, es ist gut, wenn man das Unkraut im ersten Jahre tüchtig wachsen ließe, damit die Karden nicht im ersten Jahre schoßten. Bei Dir ist, so viel ich weiß, das Schossen noch nicht vorgekommen; aber sollte dies nicht vielleicht bei den vorjährig gesäeten Pflanzen stattfinden können? Das Buch von Elsner heißt „Wie soll der Landwirth bei der Erzeugung und Verwerthung seiner Producte speculiren", und ist aus anderem Erze gegossen, spricht jedoch nicht, wie Du vielleicht vermuthest, von Karden. Deine Kriegslisten in Bezug auf das Durchwintern haben mir unendlich viel Vergnügen gemacht und auf's Komischste mich überrascht. Dieser Ausdruck bei einer ernstlichen Sache mag Dir vielleicht etwas sehr leichtsinnig vorkommen, doch höre nur!

Im vorletzten Briefe schriebst Du mir eine dunkle Andeutung von Vorsichtsmaßregeln, die auch Ernst gebilligt hätte, und ich hatte nun nichts Eiligeres zu thun, als meine Phantasie auf den Kardenfeldern herumzuhetzen, mein Gedächtniß zum Nomenclator aller Handelsgewächse und winterlicher Präservative zu machen; allerlei Namen und Mittel gingen mir durch den Kopf, als ich stehen blieb bei — einer Tabakskutsche. Wäre das Töchterchen Phantasie nicht zu geschäftig gewesen, so würde die alte Schwiegermutter Weisheit vielleicht gar von diesem Punkte aus auf bedeckte Gruben und Keller gekommen sein; aber so sollte es nicht sein, die Strohmatten gefielen mir gar sehr, vielleicht weil ich mich entsinne, einmal etwas Prügel von Tante Christiane erhalten zu haben, als ich mich in unserem Garten auf eine solche gelegt hatte, wobei ich blos des Umstandes vergessen hatte, daß Kohlpflanzen darunter waren, und nun ging's im Galopp weiter: wenn alle Karden im Winter mit Matten belegt würden, sie blieben trocken; also die gefährliche Nässe wäre abgewandt, sie erfrören nicht und da die Matten luftiger sind als Dung, so würden sie auch nicht stocken. So weit ging Alles gut, nun aber das Material und die Arbeit. Mit dem Bindfaden war ich bald ins Reine, aber die Masse Stroh konnte ich doch nicht aus der Wirthschaft herausbringen, sowie auch nicht, ob die Decken länger als ein Jahr brauchbar blieben, und bedachte ich nun, daß sie noch an Pflöcken befestigt werden müßten, um sie nicht dem Winde zum Spielwerk werden zu lassen, und daß sie dem Muthwillen der fröhlichen Stavenhäger ausgesetzt wären, so wollte mir die Sache doch nicht recht scheinen. Da kam mit einem Mal Dein Brief und ich machte vielleicht kein gescheidteres Gesicht, als die Spanier, in deren Gegenwart Columbus das Ei auf den Kopf stellte. Mir gefällt Dein Plan ganz gut, muß aber doch etwas darüber bemerken. Ich glaube gehört zu haben, daß Bier sehr leicht verdirbt, wenn es in einem und demselben Keller mit Gemüse liegt, so auch das Gemüse (und so kann man die Kardenwurzeln ansehen), wenn es im Bierkeller aufbewahrt wird, welches sich wohl durch den Gährungsproceß erklären läßt.

Außer meinen ökonomischen Studien habe ich jetzt wieder Mathematik begonnen, indem ich es für nöthig achte, mir namentlich die Mechanik und Bauwissenschaften etwas zu eigen zu machen, zumal ja dies Jahrhundert das mechanische ist, und man nun doch einmal ohne Eisenbahnen- und Dampfmaschinen-Kenntniß von Jedem für in der Zeit zurückgeblieben gehalten wird. Mit meinem Porträtiren habe ich innehalten müssen, weil hier nichts zu porträtiren ist.

Lisette hat mir eine umständliche und sehr verständliche Auseinandersetzung über den Zustand unserer Brauerei gegeben, wofür ich ihr sehr dankbar bin und der Detaillirung der übrigen Wirthschaft mit nächstem entgegensehe; ich weiß nicht, ob ich heute an sie schreiben werde, doch nächstens gewiß, da ich in diesem Briefe einen dito an unseren Vetter K. Krüger mitschicken werde; aber da fallen mir der Karl und August und Ernst und der Oheim in Jabel und Liebmann ein, an welche Alle ich noch zu schreiben habe; es geht aber nicht.

Hier haben sich Nachrichten eingefunden, nach denen wir binnen einem Jahre entlassen werden sollen; ich bin aber gar nicht damit zufrieden, da ich mir vorgenommen habe, diese Weihnachten in Stav. zuzubringen, zu welchem Zwecke ich im August wiederum in B. um Begnadigung einkommen werde, und wenn es dann nichts damit wird, so werde ich alle halbe Jahre einkommen, manchmal hilft das.

Wir haben hier sehr trockene Witterung, die den Kartoffeln vielen Schaden zufügt, und da schon überdies eine Theurung hier herrscht, so kann die Sache sehr schlimm werden.

Was das Project mit der Thierarznei betrifft, so ist die Sache nicht so, es stehen dem Dinge sehr viele Hindernisse entgegen, deren Wegschaffung nicht in meiner Macht steht; überhaupt scheinen sich einige wohlwollende Leutchen gefunden zu haben, die sich angelegentlich mit unseren Angelegenheiten beschäftigen, und dadurch Veranlassung geben, daß falsche Gerüchte zu den Ohren unserer Vorgesetzten kommen; wie denn das allenthalben der Fall ist, nur schade, daß unsere Lage es nicht erlaubt, solchen hinterlistigen, wohlwollenden Leutchen auf die Sprünge zu kommen, wir würden uns zum Danke dafür bemühen, sie als Caluminanten an den Pranger zu stellen, was wohl nur eine kleine Strafe für die Sache selbst ist, wenn man bedenkt, daß in der guten Meinung unserer Vorgesetzten allein unsere Stütze und

Hoffnung auf Verbesserung unserer nicht beneidenswerthen Lage ist.

Der Brief von T. Wendler hat mir viel Vergnügen gemacht, weil ich daraus ersehe, daß man mich in Parchim noch nicht vergessen hat, und ich halte die Zeit, die ich dort verlebte, für die glücklichste meines Lebens. Grüße unser ganzes Haus und denke an Deinen Sohn.

F. Reuter.

Den Brief an K. Krüger bitte ich zu besorgen; ich habe ihn unversiegelt gelassen, damit Du ihn auch lesen kannst, wenn Du willst.

Graudenz, den 15. Juli 1838.

Lieber Vater!

So eigentlich sollte ich mit diesem Briefe nicht so sehr eilen, und zwar aus zwei Gründen, erstens, weil ich auf mein letztes Schreiben noch keine Antwort habe, und zweitens, weil erst am 25. Dein Geburtstag ist und mein Brief an demselben ankommen sollte, nicht weil ich Geschenke bringen wollte, denn diese mangeln mir, sondern weil ich so arrogant bin zu glauben, daß eine fröhliche Nachricht von mir Dir eine Freude ist. Da nun aber mir nicht bekannt ist, wie lange die Post zwischen uns wandert, so denke ich meine Gratulation hiermit herzlich und innig Dir anzutragen, und von allen meinen Wünschen für Dich nur den namhaft zu machen, daß Gott Dir ein langes und glückliches Alter schenken möge, und mir Gelegenheit, mich daran zu weiden.

Schritte, um dies Letztere zu erreichen, habe ich wiederum gethan, indem ich zum zweiten Male um Begnadigung eingekommen bin, und Sr. Majestät Alles, was mich zur Hoffnung völliger Begnadigung, worauf ich ausdrücklich angetragen habe, berechtigt, in nuce vorgetragen habe; zugleich habe ich auch ein Schreiben an die Ministerialcommission mitgeschickt. Ich muß aufrichtig bekennen, daß ich diesmal Hoffnung des Gelingens habe. Gründe dazu habe ich freilich nicht mehr wie sonst; aber bei alledem scheint mir die Sache so plausibel; 5 Jahr ist eine so schöne runde Zahl, daß es schade wäre, durch neue Anbauten von Jahren, oder durch Erkerfenster von Monaten das schöne abgeschlossene Ganze zu verunstalten, welches die Römer schon durch den Namen lustrum als ein Ganzes und für sich Abgeschlossenes anerkannten. Wenn ich auch in anderen Beziehungen die Anwendung römischer Grundsätze und Nomenclatur auf jetzige Zustände für unpassend halte und verdamme, so scheint mir das lustrum in diesem Falle doch als etwas Ganzes, das Ganze als etwas Zeitgemäßes und das Zeitgemäße als durchaus auf mich anwendbar! Kurz, die Deduction ist etwas weit hergeholt, und das ist meine Hoffnungsberechtigung auch.

Mein Thaer ist angekommen, er kostet 7 Thlr. mit Band und scheint mir ohne Rücksicht auf seinen berühmten Namen ganz außerordentlich, der Vortrag ist klar und gründlich, und wenn auch darin Sachen enthalten sein sollten, die mit den neueren Erfahrungen in der Landwirthschaft nicht übereinstimmen, so liegen mir diese als praktische Dinge noch zu fern, um mich zu stören. Alle Leute nennen ihn den Vater der Landwirthschaft und Koppe thut's auch, und mit Recht, denn wenn ich die Beiden zusammenhalte, so sagen sie ganz dasselbe mit unbedeutenden Modifikationen, die mehrentheils nur durch Oertlichkeiten bestimmt sind, nur mit dem Unterschiede, daß der Thaer die Gegenstände mehr wissenschaftlich und Koppe mehr empirisch nimmt. Ich bin fleißig darüber her und mein Interesse steigert sich bedeutend.

Mein armer Stubenbursche Schultze ist sehr übel daran. Er hat sich durch feuchte Zugluft in den Kasematten eine Lungenentzündung zugezogen, die durch viermaliges Aderlassen freilich, wie die Aerzte sagen, gehoben ist, aber doch Geschwulst in den Füßen und fortwährende Brustbeklemmungen, die sich bis zu Ohnmachten steigern, zurückgelassen hat. Er ist im Lazareth. Mir geht es wohl! Ich bin gesund und guter Dinge, und habe ich das Wasser diesen Sommer über als innerliches Heilmittel gebraucht, so fange ich jetzt auch damit an, es äußerlich zu gebrauchen, indem ich meinen Waschnapf, so gut es gehen will, zum Badenapf stempele.

Stehst Du noch mit dem Herrn Platzmajor v. Berg in Briefwechsel, so würdest Du mich sehr verbinden, wenn Du statt meiner ein Versprechen einlöstest, was ich um so mehr thun müßte, wenn die Correspondenz mir nicht untersagt wäre, da ich von ihm scheinbar nicht in der Weise geschieden bin, wie mir es mein Gewissen jetzt sagt; obgleich ich mir das Zeugniß nicht versagen kann, daß der Fehler nicht sowohl ein Mangel des Gefühls und der Dankbarkeit, als vielmehr in dem drückenden Gefühl der Schuld und des Unmuths lag. Ich versprach, ihm zu melden, wenn ein erfreulicher Zeitpunkt im Leben für mich eingetreten wäre, und da dies mit Gottes Hülfe jetzt eingetreten ist, so kann ich um so weniger mir das Vergnügen versagen, als er gewiß Alles angewandt hat, dies Ereigniß herbeizuführen und zu beschleunigen. Gern wird der Herr v. Berg auch einige Grüße an den Herrn Lieutenant Pollier und Familie, sowie auch an die Bewohner der alten Burg bestellen.

Ich schließe für heute mit dem Wunsche, baldige Nachricht von Dir zu erhalten, die mir die Gewißheit Eures Wohlseins giebt.

Lebe wohl und gedenke Deines Sohnes

F. Reuter.

Graudenz, den 1. September 1838.

Mein lieber Vater!

Meinen herzlichen Dank für die beiden letzten Briefe, von denen mir der letzte durch den Herrn Major Amtsberg-Thorn zugekommen ist. Aus der Lage der Ackerstücke bin ich freilich nicht ganz klug geworden, da dieselben theils wohl ganz neu sind, theils auch wohl ihre Benennungen geändert haben; aber das thut nichts, da ich dadurch doch eine allgemeine Uebersicht Deines Betriebes gewonnen habe. Leider, leider wird auch dieses Jahr wohl ein sehr unglückliches für Dich sein, da ich voraussetze, daß das ununterbrochene Regenwetter, welches hier seit Anfang d. Mts. herrscht, auch bei Euch die Hoffnung auf eine gute Ernte vernichtet hat. Der Weizen kostet seit 14 Tagen hier schon 4 Thlr. pro Berl. Scheffel; Alles ist so im Preise gestiegen, daß man ernstlich schon von Hungersnoth spricht. Wir armen Teufel leiden auch durch die Witterung. Einer meiner Freunde hat mit Lebensgefahr eine Krankheit überstanden, und eben soll der Zweite ins Lazareth gebracht werden; nur ich bin, Gott sei Dank, gesund und wohl.

Eigentlich sollte ich mich über Euch Alle beklagen, daß Ihr mir meine Hoffnungen auf Freiheit schmälern wollt. Früher war bei Euch der Sitz der sanguinischen Partei und bei mir der des Unglaubens. Haben wir denn die Rollen vertauscht, oder walten bei Euch besondere, mir unbekannte Gründe vor? Ich denke mir, daß Du bei Deiner Anwesenheit in Berlin von irgend Einem vertraute Mittheilungen erhalten hast, die nicht mit meinen Aussichten übereinstimmen, und daß Du diese mir entweder nicht melden darfst, oder daß Du fürchtest, durch deren Mittheilung mich zu sehr zu verstimmen. Ist es das Erste, nun so will ich die Entscheidung ruhig abwarten, ist es das Zweite, so irrst Du, denn die Gewißheit ist in rebus malis meiner Ansicht nach immer am besten. Wenn mir die Begnadigung abgeschlagen wird, so denke ich mich an unseren Großherzog zu wenden.

Deinen Rath in Hinsicht auf das Studium des Thaer werde ich natürlich befolgen und kann versichern, daß ich schon früher hauptsächlich meinen wahrscheinlichen dereinstigen Wirkungskreis im Auge gehabt habe, theils aus vernünftiger Ueberlegung, theils aus Neigung. Denn frei und offen muß ich gestehen, daß mir Deine Wirthschaft bei weitem interessanter erscheint, als so eine Drei-Felder-Wirthschaft, bei der das Abweichen vom Hergebrachten von Schaden ist. Du denkst gewiß: nun der weiß noch nicht, daß wir hier noch die vermaledeite Drei-Felder-Wirthschaft haben. Das weiß ich wohl, weiß aber auch, daß einige näher bei den Gärten liegende Striche außer der Roulance liegen und daß in diesen Stücken die Krone Deines Ackerbaues besteht.

Die Schwester schreibt mir, daß Du noch ein Gebäude an des Wohnhauses Rückseite bauen wolltest. Ich frage nun, ob unmittelbar daran, oder in einiger Entfernung davon. Ferner, ist die Brauerei ein- oder zweistöckig?

Zu meiner Unterhaltung habe ich jetzt angefangen alte Geschichte zu studiren, zu welchem Ende ich mir einen Plutarch angeschafft habe; sonst sind meine Beschäftigungen noch dieselben; mein Leben spinnt sich höchst gleichmäßig ab und wird nur dann und wann durch einen tüchtigen Aerger aufgeregt, den meine natürliche Vergeßlichkeit jedoch bald überwindet.

Mit meinem Gelde bin ich aber leider zu Ende, und bitte Dich, wenn es möglich, mir noch in diesem Monat etwas zu senden, weil ich sonst am Schlusse etwas sehr in die Brüche kommen würde.

Vielen Dank für Deinen Brief an den Herrn v. Berg; sollte er vielleicht mit der Zeit antworten, so würde ich es wohl von Deiner Güte erfahren.

Grüße Alle vielmal und bleibe vor Allem gesund. Hättest Du doch lieber den Rath der Aerzte befolgt und hättest gebadet. Ich wollte, ich könnte Dir von meinem Wohlsein einiges zusenden. Lebe wohl. Dein

F. Reuter.

Graudenz, den 10. October 1838.

Mein lieber Vater!

Wenn man unangenehme Dinge mitzutheilen hat, ist ein Zögern im Schreiben wohl verzeihlich, deshalb empfängst Du diesen Brief, als Antwort auf Dein letztes mit 50 Thlr. beschwertes Schreiben, etwas später, wie es füglich hätte sein sollen. Meine Begnadigung ist mir rund abgeschlagen worden und zwar in sehr untröstlichen und determinirten Worten: „dem ꝛc. Reuter ist zu melden, daß eine weitere Ermäßigung der bereits bedeutend herabgesetzten Freiheitsstrafe des ꝛc. Reuter nicht stattfinde.“ Also kann ich nun noch vier Jahre, nicht drei, wie Du meinst, da mir der Untersuchungsarrest nicht angerechnet wird, auf preußischen Festungen zubringen und in dieser langen Zeit nichts weiter thun, als nach einer größeren allgemeinen Ausbildung streben, die vielleicht jetzt schon in Bezug auf mein specielles Fachstudium im Mißverhältniß steht. Ich bitte mich nicht falsch zu verstehen. Ich meine nämlich, daß, wenn ein Mann etwas Ordentliches leisten will, sein Fachstudium das Hauptgebäude, die anderen Zweige des Wissens demselben als Flügel, Säulen und Verzierungen angereiht sein müssen; dies kann leider bei mir nicht der Fall sein, da die Hauptsache, die praktische Landwirthschaft, mir in meiner Lage fern bleiben muß. Von diesem Gesichtspunkte aus und vorzüglich aus dem noch weit wichtigeren, daß unser Wiedersehen auf so traurige Weise hinausgeschoben wird, hat diese üble Nachricht mir verdrießliche Stunden gemacht; aber Dank meinem leichten Sinne und den höchst originellen Tröstungen eines meiner Cameraden, der als Sanguiniker mir mit den überzeugendsten Gründen bewiesen hat, daß dieses eigentlich ein großes Glück für mich sei, — weil ich nun gewiß hoffen könnte, bald frei zu kommen, und dies so ernstlich meinte, daß er mir eine Wette von 4 Flaschen Wein anbot; die Sache ist verschmerzt, und ich habe beschlossen, von Neuem die Hoffnung bei den Haaren festzuhalten, denn: „die liebliche Göttin der Phantasie, sie stirbt nicht aus, sie altert nie!"

Meine Gesundheit ist gut und ich lebe der Hoffnung, daß die Deinige es gleichfalls ist, da diese Jahreszeit ja sonst immer einen wohlthätigen Einfluß auf Deinen Körper zu äußern pflegte. Für mich ist es ein großer Genuß gewesen, so recht einmal nach fünf langen Jahren in Obst schwelgen zu können. In Berlin gab es keins, weil man nicht die Mittel hatte, es kaufen zu können, in Silberberg gab es keins, weil dort nur Hafer und höchstens Kartoffeln wuchsen, in Magdeburg gab es keins, weil man keinen hatte, der es besorgen konnte.

Mit meinen Beschäftigungen geht es noch immer seinen gewöhnlichen Gang fort. Thaer, der bald in succum et sanguineum verdaut ist, ist ein gutes Buch. Aus den Zeitungen ersehe ich, daß in Neu-Brandenburg ein Sattler Farwel einen Wagen erfunden haben will, der von selbst geht, sogar auf Sandwegen von selbst geht; wenn das wahr ist, so verdient der Mann erstens in Kupfer gestochen zu werden, zweitens ins Conversations-Lexikon zu kommen und drittens Minister der Industrie und des Handels in Mecklenburg zu werden. Ich habe in der letzten Zeit fleißig gezeichnet oder gemalt, doch mit Pastellfarben; und nach dem Ausspruch Aller mit Glück, ja ich habe sogar Bestellungen für Geld erhalten, die ich jedoch aus vielfachen Gründen abgelehnt habe; ich bitte daher Euch dringend, meine Fertigkeit nicht nach dem Maßstabe zu messen, den ich Euch vorige Weihnachten geschickt hatte, da dies anerkannt das schlechteste und am wenigsten gelungene Portrait ist, was ich gemacht habe, theils weil ich damals erst angefangen habe, und theils weil es sehr schwer ist sich selbst zu treffen, zumal wenn man bedenkt, daß es aus einem Spiegel, der 3 Sgr. kostet, gezeichnet ist. Jetzt bin ich so weit, daß ich im Mischen der Farben und in correcter Zeichnung ziemliche Uebung erlangt habe und mit gutem Gewissen zur Oelmalerei übergehen könnte, wenn nicht die Anschaffung von Farben, Palette, Staffelei, Leinwand und vor Allem der vielen nöthigen Pinsel eine Ausgabe von circa 15 Thlr. und die eines Handbuchs circa — Thlr. kostete. An Unterricht in solchen Sachen ist hier nicht zu denken, man muß sich das, was ein Sachverständiger einem in 5 Minuten mittheilen könnte, mühsam durch Probiren aneignen. Am 7. folgenden Monats ist mein Geburtstag; das ist doch recht mit dem Zaunpfahl gewunken, wie die Leute hier das Participₓ von winken bilden.

Doch ehe Du vorschnell einen Entschluß mir zu Gunsten fassest, muß ich Dir noch die Durchsicht meines Briefes an Lisetten empfehlen und da wirst Du denn sehen, daß noch andere nöthige Ausgaben Deiner harren. Fürchte Dich also nicht, mir eine abschlägige Antwort zu geben, sie wird mich nicht so unangenehm berühren, als Du vielleicht vermuthest.

Grüße Alle und bleibe gesund, dies wünscht Dein Sohn F. Reuter.

Graudenz, den 5. December 1838.

Mein lieber Vater!

Herzlichen Dank für Deinen letzten Brief, den Deine Liebe an meinem Geburtstage verfaßt hat und ihn daher so reich mit Geschenken und Bewilligungen ausgestattet hat. Auch hier ist meiner von manchen Seiten gedacht worden: mein Freund Vogler hat mir Deinen Lieblings-Schriftsteller (Seume's sämmtliche Werke) geschenkt; Schulze die Kaiserlieder von Gaudy und Witle eine schöne Mappe für die Aufbewahrung von Zeichnungen. Herr Schwerdtfeger hat sich mit einer Torte gelöffelt und meine Aufwärterin hat mir einen Blumenstrauß geschenkt, der mit ihrer Brautschärpe geknüpft war und den sie circa 20 Jahre dazu aufgehoben hat.

Du scheinst besorgt über meine Gesundheit und Diät, die erste ist sehr gut und die zweite so gut sie sein kann; kurz Du hast die Sache auf den rechten Fleck getroffen, wenn Du muthmaßest, daß ich statt Wasser jetzt Bier trinke, jedoch sehr mäßig, wie Du selbst sagen wirst, wenn ich Dir versichere, daß ich für gewöhnlich (und Ausnahmen sind selten) des Mittags und Abends nach dem Essen jedesmal eine Flasche von der Größe eines halben Quarts zu mir nehme. Kaffee trinke ich nicht, und außer Bier keine spirituosa. Ich würde beim Wasser geblieben sein, wenn es in den Kasematten nicht zu feucht-kalt wäre in der jetzigen Jahreszeit. Ueberhaupt geht es uns hier im Ganzen sehr wohl, wir sind viel vergnügter als im Sommer, wo uns ein Mensch quälte, der zu unserem Aufseher eingesetzt war und uns auch wohl bei unseren Vorgesetzten verleumdete. Kleine Vergünstigungen werden uns sehr gern ertheilt und machen denn doch das Joch etwas sanft, indem die menschliche Natur, an Kleinigkeiten klebend, weniger von einem harten Schlage, als von vielen unbedeutenden Streichen niedergemacht wird.

Meine Beschäftigung hat eine Abwechselung erhalten durch die Erlaubniß, zweien Knaben bis zu Weihnachten etwas Unterricht im Zeichnen zu geben, und eine Störung durch die Bitte einer hiesigen Familie, zum Hochzeitsfeste einer Tochter ein Transparent zu machen. Freilich hast Du Recht, wenn Du meinst, daß ich mir dadurch manch freundlichen Dank verdiene, doch sind diese Arbeiten nicht ganz nach meinem Geschmack.

Kleidungsstücke habe ich mir bestellt und einige habe ich schon vom Schneider zurück, im Ganzen erhalte ich einen braunen Rock, zwei Paar Beinkleider und eine Weste. Mit ängstlicher Aufmerksamkeit habe ich den Temperaturwechsel und die ungewöhnlich frische und starke Kälte beobachtet, immer und nicht ohne Grund für Deine oeconomica besorgt. Jetzt haben wir gelindes Wetter, aber die Weichsel steht seit mehreren Tagen fest zugefroren. Wenn nur nicht die Kälte wie eine grimmige Löwin zurückkehrt und das, wie es hier ist, ohne Schnee.

Was das Schreiben an den Großherzog betrifft, so habe ich damit noch gezögert, indem ich der Meinung war, Du würdest vielleicht, wie Du in Deinem letzten Briefe hofftest, Gelegenheit haben, mit dem Minister auf dem Landtage zu sprechen, und in dieser Unterhaltung vielleicht etwas erfahren, was mir bei Abfassung der Bittschrift günstig wäre. Fürchte nicht, daß die Sache zu langsam betrieben wird, ich glaube gar, daß sie vergeblich ist; aber ich habe andere gegründetere Hoffnung, daß ich um's Jahr bei Euch bin, die ich aus der Analogie der Begnadigungen, die schon ausgesprochen sind, geschöpft habe. Döhn z. B. hat im Erkenntniß 20 Jahre und ist mit 4 Jahren begnadigt, und so denke ich mit 5 Jahren Festungsstrafe fortzukommen. Ich bin immer noch besser daran wie alle meine Cameraden, die auf 10 Jahre begnadigt sind.

Schon im Voraus muß ich mich entschuldigen, daß ich an diesem Weihnachten Euch keine kleine Ueberraschung bereiten kann, ich habe freilich etwas fertig gearbeitet, aber um es nach Hause den weiten Weg zu senden, ist es zu wenig, und deshalb will ich warten, bis ich erst etwas in Oel gemalt habe, das wird für Euch von größerem Interesse sein.

Ich wünsche, daß Ihr Alle recht froh und gesund sein mögt und Euch meiner am Weihnachtsfest erinnern; ich weiß schon, wie ich es feiern werde: ich werde die beiden Tage malen. Grüße Lisette, Großmutter und alle Uebrigen und bleibe gesund für Deinen

F. Reuter.

Graudenz, den 10. Februar 1839.

Lieber Vater!

Du hast seit langer Zeit keinen Brief erhalten, und da der Herr Schwerdtfeger Dir geschrieben hat, daß ich unwohl sei, ist es doppelt unrecht, Dich in Ungewißheit zu lassen; aber ... doch (qui s'excuse, s'accuse) Du magst lieber aus dem Nachfolgenden selbst Dir einige Entschuldigungsgründe herauslesen, die Du mit Deiner gewohnten Güte wohl wirst gelten lassen. Für's

Erste bin ich gleich nach Neujahr unwohl gewesen, indem ich mich beim Gang in die Kirche erkältet und mich nachher in diätetischer Hinsicht nicht genug in Acht genommen habe, was denn mir namentlich starke Hämorrhoidalbeschwerden zugezogen hat; dadurch wurde ich verhindert, meine gewöhnlichen Arbeiten zu besorgen, und während meines kurzen Aufenthaltes im Lazareth hatte ich drei Portraits angefangen, deren Beendigung durch das unablässige Drängen der Originale beschleunigt wurde, so daß ich an nichts Anderes kommen konnte. Kaum damit fertig, kam der Herr Proviantmeister Marschall und bat uns drei (Schulze, Vogler und mich), seinem ältesten Sohne Unterricht zu ertheilen, und da fielen mir die Lectionen in Mathematik und Geographie zu, zu welchen ich, da der junge Mann schon circa 17 Jahre alt ist, nothgedrungen einige Vorarbeiten machen zu müssen glaubte, und endlich, wenn Du mein Vergnügen zu einer Entschuldigung machen willst, hatte ich einen Kopf in Oel angefangen, den ich unausgesetzt bearbeiten mußte, damit mir die Farben nicht trocken würden.

Wir haben hier eine förmliche Akademie jetzt im Gange. Da jedoch die Stunden nur während der Zeit abgehalten werden können, während welcher wir Freistunden haben, so hindern sie uns an der häufigen Erholung in freier Luft, wenigstens für den Winter, wo die Tage so kurz sind; doch habe ich namentlich noch eine ziemlich gute Einrichtung darin getroffen. Am Sonntag, Mittwoch und Sonnabend gebe ich von 1—4 Uhr respective Mathematik und Zeichenunterricht. Am Montag und Donnerstag von 5—7 Mathematik und Mittwoch und Sonnabend von 5—7 Mathematik und Geographie.

Nun noch eins. Du schriebst mir vor einiger Zeit, ob ich nicht noch einmal versuchen wollte, die alte, stiefmütterlich von mir behandelte Jurisprudenz vorzunehmen; ich verwarf den Vorschlag aus vielen Gründen, die freilich manches für sich haben mochten, doch der hauptsächlichste war der, daß ich bald frei zu kommen hoffte, und dann nicht noch mal als Student der Rechte figuriren mochte, um nicht wieder durch Nebendinge vom Zweck abgezogen zu werden, was wohl mehr der Fall sein würde, als wenn ich zu Hause bei Dir die ökonomischen Studien praktisch betriebe. Jetzt aber, da die Aussichten, meiner Ansicht, nicht die besten sind (meine Cameraden theilen sie jedoch nicht), habe ich mir die Sache wieder in Ueberlegung genommen und bin zu dem Resultat gekommen, daß ich, wenn ich noch zwei Jahre in Haft bleiben sollte, mit der gesammten Jurisprudenz fertig werden würde, und das Examen (sei es auch sehr geschärft) wohl machen könnte. Du wirst mir meinen Unbestand im Entschluß vorwerfen, sowie das ewige Wollen und Nichtvollbringen; doch da muß ich Dir ad 1 sagen, daß die besondere Lage, in der ich mich befinde, mit allen ihr anklebenden Hoffnungen und Befürchtungen, die eben so oft wechseln als günstige und ungünstige Nachrichten über Befreiung, dies Schwanken hervorbringen, und ad 2 kann ich Dir die eben so frohe als wahre Nachricht geben, daß ich bereits angefangen habe, und in einem Monat den allgemeinen Theil des römischen Rechtes (wie es im Mackeldey behandelt ist) durchgemacht habe, und zwar in der Weise und mit der Ausdauer, daß ich nicht eher aus der Stube gegangen bin, bis ich ihn fertig inne hatte. Jetzt bin ich im speciellen Theil, und denke denselben Ende März oder Anfang April zu beendigen; doch kenne ich den ganzen Umfang seiner Schwierigkeiten noch nicht genau. Vielleicht sollte ich Dir dies gar nicht schreiben, um nicht Hoffnungen in Dir zu erwecken, die mein Mangel an Kraft in der Ausführung über kurz oder lang in Nichts auflöset; aber ich will einmal dies feste Vertrauen zu mir haben, daß meine Liebe zu Dir die gewiß nicht geringen Hindernisse überwindet und mich durch Anwendung von Fleiß auch vor anderen nachtheiligen Abirrungen schützt. Noch niemals bin ich so fleißig gewesen als jetzt, vielleicht mit Ausnahme der Zeit, als ich in Prima kam und Zehlicke mich aus seinem Hause emancipirte. Du schreibst, das Examen in Mecklenburg sei sehr geschärft, das soll mich nicht abschrecken; aber wissen möchte ich doch, ob M. und S. (beide in Wismar) das Examen in dieser geschärften Weise bestanden haben. N. hat es gemacht, S. und K. sind durchgefallen, das weiß ich. Ich will jetzt noch nicht wissen, was verlangt wird, das wäre zu früh, aber ich möchte durch obige Nachricht einen Maßstab haben, wie sehr ich mich anstrengen müßte. Beide haben etwas gethan auf der Universität, so wie auch S., dem es jedoch an Kopf fehlt. M. ist jedoch ein guter Kopf und war fleißig. Nun noch eine Bitte: sage Keinem etwas von meinem Entschluß, und betrachte es in Beziehung auf Dich nur so, als ob ich Dir durch die Nachricht eine frohe Stunde machen wollte, mache Dir keine Pläne für die Zukunft, wenigstens ändere sie nicht in Betreff meiner, sondern sieh mich als einen an, der, wenn er aus dieser schlimmen Lage heraus ist, in Deinen ökonomischen Geschäften den Gegenstand seiner Thätigkeit finden will. Auf diese Weise wirst Du Dich am besten vor Täuschung bewahren. Diese Bitte hat etwas Furchtsames, ich möchte nicht gern sagen Feiges, aber etwas Furchtsamkeit nennen die Leute Vorsicht, und die hat mir bis jetzt noch immer gefehlt.

In diesem Augenblick höre ich den Herrn Schwerdtfeger unter mir sprechen, wahrscheinlich bringt er mir einen Brief voll Vorwürfe von Deiner Seite, die ich verdient habe; doch wenn er heraufkommt, soll er mir bescheinigen, daß ich ohne Aufforderung von Deiner Seite geschrieben habe.

Er ist hier gewesen, hat mir aber keinen Brief gebracht, und so hoffe ich, daß der Deine noch nicht geschrieben ist und ich der Vorwürfe bar gehe.

Sein Brief an Dich wird Dir eine etwas zu starke Geldrechnung mitgetheilt haben; es ist allerdings wahr, daß ich hier viel verbraucht habe, aber ich habe hier auch viele Ausgaben, die so nothwendig sind, daß ich kaum weiß, wie ich es einrichten soll, und dann habe ich während meines Hierseins mir viele Bücher angeschafft, die mir nöthig sind.

Wir haben hier eine Kälte von 18 Grad gehabt, aber auch viel Schnee, und daher hoffe ich, daß der Rest Deiner Karden sich conservirt hat, sowie auch die in den Gruben befindlichen. Ist dies der Fall, so müssen dieselben in diesem Jahre sehr theuer werden, da an alte Vorräthe wohl nicht sehr zu denken ist. Heute ist sehr schönes Frühlingswetter.

Sollte es Dir Vergnügen machen, so melde ich Dir noch, daß es mit meinen Versuchen in der Oelmalerei gut geht, indem ich einen Kopf beinahe fertig habe, der zu den gelungenen von meinen Cameraden gerechnet wird. Es ist aber sehr umständlich und erfordert eine große Aufmerksamkeit und Beharrlichkeit. Nächstens werde ich Euch einige meiner Producte in dieser Hinsicht zusenden.

Der Herr Kämpf läßt Dich durch mich herzlich grüßen, er hat mir eine Ladung Gothaer Wurst zum Neujahr geschickt, sonst aber nicht viel geschrieben.

Man hat mich neulich wieder in einer Sache inquirirt und mir den Zeugeneid abgenommen, nämlich in Bezug auf die Flucht der beiden Magdeburger, die vor circa anderthalb Jahren daselbst entwichen sind. Der General v. L. in S. hat seinen Abschied erhalten, und zwar, wie man glaubt, in Folge der Entweichung des B., dem er die Erlaubniß ertheilt haben soll, in der Stadt zu wohnen.

Ernst und Lisette sage ich meinen Dank für die Weihnachtsgeschenke, die mir sehr unerwartet kamen. Das nächste Mal werde ich mich persönlich bedanken, d. h. schriftlich. Noch einmal bitte ich um Vergebung, und hoffe in Deinem nächsten Briefe manchen guten Rath in Bezug auf mein Studiren. Lebe wohl und denke an Deinen Sohn F. Reuter.

Graudenz, den 25. März 1839.

Mein lieber Vater!

Groß war meine Freude, als Dein letzter Brief so vortheilhafte Nachrichten über Deine häuslichen Angelegenheiten enthielt und Deine Güte, dieselben mir so freundlich und umständlich mitzutheilen, hat Ansprüche auf meinen innigsten Dank erworben. Leider ward aber meine Freude über diese Dinge durch den erneuten Eintritt eines Kältegrades (13°), der in diesem Monat zu den ungewöhnlichen gehört, gestört, doch blieb mir die Hoffnung, daß bei Euch mildere Lüfte herrschen, da Ihr jedenfalls weiter von Nowaja Semlja entfernt liegt, als wir. In den letzten Tagen ist Thauwetter eingetreten und dabei wird es hoffentlich bleiben.

Die Mittheilung der beiden Einlagen hat meine Freude gesteigert, indem die eine (für deren sorgfältige Aufbewahrung ich stehe) mir zeigt wie sehr nicht allein Deine Redlichkeit, sondern auch Deine umfassenden Kenntnisse geschätzt werden, und zwar von so biederen und intelligenten Leuten, wie Weber u. s. w. Ich kann bei dieser Gelegenheit nicht umhin, Dir etwas ins Gedächtniß zurückzurufen, das vielleicht seit langen Jahren durch Geschäfte bei Dir verdrängt worden ist. Ich mußte mir einmal auf Deinen Rath ein Büchlein anlegen, in welches ich leicht faßliche Sentenzen schreiben mußte, und da hatte Mutter mir denn mehrere schöne Aussprüche gesagt; Du auch und so folgte denn gleich hinter Deinem fameusen — hoffentlich verblichenen Andenkens — qui s'excuse, s'accuse, der Ausspruch: Wer den Besten seiner Zeit genug gethan, der hat gelebt für alle Zeiten. Du meintest, ich verstände diese Wahrheit nicht und hattest Recht; aber dafür, daß Du mich damals für einen dummen Jungen gehalten hast, will ich heute mich dadurch rächen, daß ich Deine Bescheidenheit durch Anwendung dieser Sentenz auf Dich selbst beleidige. Uebrigens muß ich zu meiner Beschämung gestehen, daß von den vielen glorreichen Aussprüchen nur obige beiden in meinem Gedächtniß geblieben sind; das erste, weil Du es mir so häufig, nicht ins Gedächtniß, sondern ins Gewissen gerufen hast, das zweite, weil Du gesagt hattest, ich verstände es nicht und mich dies wohl gewurmt hatte. Was die zweite Einlage betrifft, so ist sie mir deshalb lieb, weil ich sehe, daß unsere Regierung sich meiner, so viel sie konnte, angenommen hat, wenn auch nicht mit Erfolg. Sollte dieser letztere von einem günstigen Zeugnisse der hiesigen Commandantur abhängen, so glaube ich, daß er wohl gewiß wäre; aber dies wird nicht hinreichen; auch würde dieselbe mir ein Zeugniß nur geben, wenn ich es an die Ministerial-Commission einsenden wollte; wenn Du aber ein solches brauchst, so schreibe getrost an den Herrn General von Toll.

Mit meiner Gesundheit und meinen Beschäftigungen geht es gut. Die Akademie der Wissenschaften, die ich mit meinen Cameraden Vogler und Schultze gegründet habe, ist im raschen Aufblühen, die Theilnehmer drängen sich in Masse hinzu, müssen aber abgewiesen werden; alle Augenblicke kommen solche junge hoffnungsvolle Akademiker und bitten um Inscription, namentlich meiner Zeichenschule. Die Akademie der Künste, die ich allein repräsentire (wenn man nicht Voglers Gesang auch zu den Kunstleistungen zählen will, obgleich er nur einen ganzen und 2 halbe Töne in seiner Gewalt hat), beschäftigt sich mit Oelmalerei, Porzellanmalerei (wobei sie jedoch mit dem Brennen sehr auf den Sand gerathen ist) und Pastellmalerei. Seit Neujahr sind 3 Portraits in Pastell fertig geworden, 2 sind noch in Arbeit; ein Oelgemälde, für Lisette zum Geburtstage bestimmt, hängt fertig da, ein Portrait in Oel bedarf nur noch zur Vollendung des Lacks, ein anderes ist im Croqui fertig; die Porzellanmalerei muß ich erst durch Versuche wegkriegen, namentlich das Brennen. Mehrere mir früher bekannte und interessante Personen habe ich mit Blei skizzirt und meiner Meinung nach, so gut es geht, aus der Erinnerung getroffen; wie geht es zu, daß ich Dein Portrait nicht treffen kann? ich habe mir die möglichste Mühe gegeben es zu Weihnachten zu machen, es war mir nicht möglich! Meine Erinnerung verwirrte sich, sodaß ich bald ein Bild von Dir hatte, wie Du mit rabenschwarzen Haaren, fröhlichem Gesichte, blanken hohen Stiefeln und munterm Pfeifen bei schlechtem Wetter auf dem Hausflur herumgaloppirtest, und draußen im Felde mit mir um die Wette liefst, bald eins aus späteren Jahren, wo Deine Züge härter und Dein Haar grau war. Auch den Oheim in Jabel kann ich aus demselben Grunde nicht treffen, dahingegen habe ich manche Personen meiner Meinung nach gut getroffen, die ich nur in einem gewissen Lebensalter gesehen habe.

Wenn ich über diese Gegenstände weitläuftiger schreibe, so appellire ich an Deine Nachsicht, da sie meine einzige

Freude und Erholung ausmachen. Die Jurisprudenz treibe ich des Morgens fleißig und werde sie noch mehr treiben als bisher, da ich gestern mir einen Weckapparat eingerichtet habe, der jetzt in Wirksamkeit getreten ist und wodurch ich den Abend, die Zeit der Erholung abkürze, den Morgen, die Zeit der Arbeit verlängere. Lisettchen kann zu jeder Zeit die Sendung des obengenannten Bildes verlangen; ich schicke es aber jetzt noch nicht, weil ich die Absicht habe, noch eins hinzuzufügen für einen Mann, dem ich eigentlich neben Dir und Onkel Herse die Ausbildung meines etwaigen Zeichentalents verdanke, nämlich den Conrector Gesellius; ich habe ihn mit Blei gezeichnet und will wünschen daß er mir in Oel gelinge.

So weit war ich gestern Abend gekommen, mit dem Vorsatze, heute noch an Lisette ein paar Worte hinzuzufügen, da ertönte heute Morgen um 8 Uhr ein Horn der Extrapost und siehe da, mein alter Bekannte aus Magdeburg mit Namen Guitienne wird auf hiesige Festung gebracht und zwar auf meine Stube einquartirt. Die Unruhe ist so groß und die Erkundigungen nehmen so sehr Ueberhand, daß ich schließen muß; jedoch mit dem Wunsche, daß meine liebe Lisette mir dies Stillschweigen verzeiht, und daß der nächste Brief aus Stav. mir glänzende Beweise der Verzeihung und des Wohlseins Euer Aller bringen möge. Lebe darum wohl, mein lieber Vater, und träume von schönen hoffnungsvollen Zeiten, wo wir mündlich und ungestört unsere Unterhaltung führen können. Grüße Alle von Deinem Sohne F. Reuter.

Etwas über ein Jahr ist seit der Ueberführung des Gefangenen nach der Festung Graudenz vergangen. Seine Lage hat sich zwar hier wesentlich günstiger als während seiner früheren Festungshaft gestaltet, aber das vierte Jahr dieser traurigen Strafzeit ging doch wiederum vorüber, ohne daß sich das Hoffen und Harren auf endliche Erlösung erfüllt hätte. Dennoch aber trat mit Beginn des Frühjahrs 1839 eine Wendung zum Bessern ein; die Träume „von schönen hoffnungsvollen Zeiten", von denen der vorstehende Brief spricht, sollten zur Wahrheit werden und mit ihnen sich auch die bei Vater und Sohn niemals ganz erloschene Hoffnung von Neuem beleben, die Hoffnung nämlich: daß endlich doch auch noch der goldene Tag der Freiheit selber anbrechen werde. Den unausgesetzten Anstrengungen und Bemühungen des Bürgermeisters Reuter ist es jetzt endlich gelungen, die Auslieferung seines unrechtmäßig im Auslande in Haft gehaltenen und nach fremden Gesetzen verurtheilten Sohnes an die allein zuständigen Gerichte seines Heimathlandes Mecklenburg zu erwirken. Aber nur der wiederholten persönlichen Verwendung des leutseligen, menschenfreundlichen Großherzogs Paul Friedrich bei seinem königlichen Schwiegervater in Berlin war diese Gnade des Königs zu verdanken.

Also endlich Gnade! — volle, unbeschränkte Gnade? Das nun freilich nicht; aber doch die Auslieferung an die heimathlichen Behörden, eine Auslieferung, welche schon früher und zwar sofort nach der Verhaftung hätte erfolgen sollen und müssen und die alsdann dem ganzen Elende längst ein Ende gemacht haben würde. Also wenigstens doch Auslieferung! — unbedingt, ohne Vorbehalt? Das nun freilich auch nicht, sondern vielmehr unter der ausdrücklichen Bedingung, daß der Ausgelieferte nach wie vor weiter zu sitzen habe, nach wie vor auch auf der mecklenburgischen Festung der Oberhoheit Preußens unterstellt und das Recht der Begnadigung des Mecklenburgers im Mecklenburger Lande ausschließlich dem Könige von Preußen gewahrt bleibe.

Die Mittheilung an den Bürgermeister Reuter von diesem Gnadenerlasse von Seiten der mecklenburgischen Regierung lautet wörtlich nach dem Originale:

Es gereicht der Regierung zum Vergnügen, Ihnen die Mittheilung machen zu können, daß, infolge einer von des Großherzogs Königl. Hoheit persönlich bei Sr. Majestät dem Könige von Preußen eingelegten Verwendung, Allerhöchstdieselben es jetzt genehmigt haben, daß Ihr wegen Theilnahme an hochverrätherischen Umtrieben jetzt auf der Festung Graudenz detinirter Sohn hierher ausgeliefert werde, um den Rest seiner am 12. November 1834 angetretenen achtjährigen Gefängnißstrafe auf der Festung Dömitz abzubüßen. Zur Ausführung dieser von Ihnen gewünschten Translocation werden jetzt unverzüglich die weiteren Einleitungen getroffen werden.

Schwerin, am 6. Mai 1839.

Großherzogl. Mecklenb. Landes-Regierung.
L. v. Lützow.

Bevor nun diese Translocation ins Werk gesetzt wird, muß der Hochverräther „Urphede swören, dat ik keinen Faut meindag' nich up dat preußische Rabeit setten wull, süs süllen de Schandoren mi upgripen un wat Gruglichs — ik weit nich wat — mit mi upstellen."

Jedoch, was nun auch alles hinter ihm und vielleicht noch vor ihm liegen mag: „Mi würd' binah tau Sinn, as süll ik en pormal vörlöpig Hesterkopp scheiten, üm den Bregen wedder in de gehürige Lag' tau schüdden, — dat ik nu im min Vaderland utliwert warden süll, frilich blot bet an sin bütelst En'n un in keine angenehme Gegend, nämlich nah Däms (Dömitz)."

Vorsorglich von seinem Sicherheitsgeleite in die Mitte genommen: „reis'te ik denn nu wedder mit desen Kloß an'n Bein hunnert un twintig Mil dörch't frie dütsche Vaderland." — Zum dritten Male bezieht er Freiquartier in Berlin: „Dit mal äwer tau'm groten Glücken up de Stadtvagtei,* wo süs jo woll man Spitzbauben inspunnt warden; äwer dat schadt nich, 't was doch beter as bi den Herrn Kriminaldirekter Dambach."

War ihm, wie bereits oben gesagt ist, schon die Haft in Graudenz wesentlich erträglicher gemacht, so zieht er nun in die mecklenburgische Festung Dömitz mehr als längst erwarteter Gast und willkommen geheißener Landsmann, denn als der vom Tode begnadigte Hochverräther ein. Seine Herberge ist, soweit es die Verhältnisse nur immer gestatten, aufs Beste bereitet, und sein alter vortrefflicher Herbergsvater, der Commandant Oberstlieutenant von Bülow, bringt ihm das Willkommen in „Rodspohn" aus „en Bierglas" dar: „Na, da trinken Sie man mal! — Und wir haben schon lange

* Früher auf der Hausvogtei.

auf Sie gelauert! — Und ich habe Ihnen ein gutes Quartier angewiesen, und Ihre Frau Tante ist hier gewesen und hat Alles gut für Sie eingerichtet! — Und nun können Sie 'rüber gehen und es sich bequem machen, und dann kommen Sie man wieder her, dann sollen Sie mir und meiner Familie auch erzählen, wie's Ihnen in Preußen gegangen ist!"

Das waren freilich andere Klänge, als wie sie sonst dem „Hochverräther" bei Ankunft auf einer preußischen Festung entgegenläuteten. „De Sak, de kunn mi woll gefallen!" — Die kleinstaatliche und mecklenburgische Gemüthlichkeit ziehen ihm mit einem Rucke die ganze Gefangenhaut ab, und wohlig, wie ein Fisch, fühlt er sich wieder in sein Lebenswasser gesetzt. „Hier hadd sik dat nu sihr tau sinen Vurthel verännert; min Herr Oberstleutnant hadd en ganzes Nest vull Döchter, ein ümmer schöner as de anner, de Fru Oberstleutnantin was ne gaude fründliche Fru, un männigen fründlichen Nahmiddag un tauvertrulichen Abend heww ik in desen gastfründlichen Hus' taubröcht, un noch hüt denk ik doran un dank darför recht ut Hartensgrun'n."

Und so, wie Haus und Familie seines Commandanten, steht dem Gefangenen die ganze Stadt und Festung offen; er geht und steht, wo und wie es ihm belieben mag, — „wenn ich man nichts davon weiß," erklärt der alte Herr voll rührender Offenherzigkeit. Freilich: „ik satt hier in Däms nu noch fievviertel Jahr, un vel let sik dorvan vertellen, äwer 't würd' in'n Ganzen dorup herute kamen, dat mi de mecklenborgsche Regierung allens Mägliche tau Gauden dad, un dat ik bi minen ollen Kummandanten so gaud as Kind in den Hus' hadd; äwer wat helpt dat All? de Friheit fehlte, un wo de fehlt, sünd an de Seel de Sehnen dörchsneden."

Doch, ob auch die Seele sich noch ohne spannende Sehnen fühlt und der Vogel noch nicht wieder mit ausgereckten Schwingen fliegt, sondern zunächst noch flattert — er flattert doch außerhalb des Käfigs in altgewohnter Heimathluft herum und sieht jenseit des beschränkten Geheges bereits den grünen Wald und blauen Himmel schimmern, zu dem der freie Flug ihn bald hinaustragen soll. Da entfaltet sich auch gleich wieder sein frischherziger Humor, die Freude an harmlosen Scherzen, und munter und lebendig läßt er die fröhlichen Kinder seiner unverwüsteten und unverwüstlichen Einbildungskraft in seiner eng umschriebenen, kleinen Welt umherschwirren. Die Lust am Fabuliren schöpft neue Kraft und giebt sich, wie in Pinsel und Farben, so auch in vielen frischwüchsigen Gelegenheitsgedichten aus. Aber auch die Gestaltung der Zukunft wird ernstlich erwogen, der Ausbau eines neuen Lebens von Grund aus reiflich überlegt.

Und dennoch, jetzt, da nun Alles sich zum Besten zu wenden scheint, da über die lange traurige, freiheitlose Zeit der neue Tag der Freiheit und eines — ob auch noch so spät — doch wiedergewonnenen Lebens seine grüßenden und belebenden Strahlen wirft, jetzt steigt alsbald doch wieder über dem sich aufhellenden Tag schatten- und wolkenschwer das dunkle Verhängniß auf, das sich an seine Fersen geheftet zu haben scheint. Trug die schwere, traurige Zeit Versöhnung, Annäherung, Ausgleichung der Gegensätze in sich, so treten jetzt, da kaum der neue, befreiende Tag sich zeigt, die Gegensätze zwischen Vater und Sohn gleich wieder schroff und immer schroffer hervor, der Zwiespalt hebt von neuem und unversöhnlicher denn jemals an, und, unentrinnbar seiner Macht, greift der Dämon, der tückisch den Liebling der Götter umschleicht, mit würgender Faust nach seinem Opfer aus.

Folgen wir nun weiter der sicheren Führung der Briefe, welche die angedeuteten Vorgänge nach Ursache und Wirkung näher zergliedern werden.

Dömitz, den 24. Juni 1839.

Mein lieber Vater!

Du wirst schon durch eine andere Feder meine Abreise von Graudenz und meine Ankunft in Dömitz erfahren haben, und mir vielleicht zürnen, daß ich mich nicht selbst beeilt habe, Dir diese Nachricht mitzutheilen; aber bis jetzt ist es mir unmöglich gewesen. Meine Abreise ging so plötzlich vor sich, meine Reise ging selbst so en rage, daß ich keinen Augenblick finden konnte, um mich dieser angenehmen Pflicht zu erledigen, und in Berlin, wo ich noch zuletzt einen Tag lang Gelegenheit hatte, auf der Stadtvogtei bei streng verschlossenen Thüren über die Tyrannei der Preußen Betrachtungen zu machen, wurde mir der Gebrauch von Schreibmaterialien nicht gestattet; Gottlob, ich bin jetzt auf vaterländischem Boden, und seit dem Augenblicke, wo ich ihn betrat, ist mir die Brust leichter als seit manchem Jahre; die gute Tante und Doris* haben mich außerordentlich liebreich und freundlich aufgenommen, und wenn ich nach ihrem Wunsche lebte, so würde meine sehr starke

* Frau und Tochter des früh verstorbenen Rectors Reuter, Bruders des Bürgermeisters Reuter, in Dömitz.

Natur und frische Gesundheit sehr bald durch Ueberladung des Magens zerstört sein. Der Commandant hierselbst, sowie seine Familie haben mich sehr freundlich aufgenommen, welches vielleicht durch ein gutes Zeugniß aus Graudenz, das ich mitgebracht habe, bewirkt worden ist. Vor Allem hat aber Tante mich durch Mittheilung eines Briefes von der lieben Lisette überrascht, worin dieselbe mich mit einem Besuche von Dir und allen anderen Lieben bedroht; möchtet Ihr den Vorsatz doch bald ausführen, und zwar ohne nachtheilige Folgen für Deine Gesundheit.

Aus diesem Grunde und in dieser Hoffnung enthalte ich mich auch aller schriftlichen Mittheilungen über manche vergangene Zeiten, die für Dich wohl von Interesse sein mögen, und bitte nur inständigst, daß Du nicht gar zu sehr über die allerdings sehr große Summe zürnen mögest, die nach Graudenz zu zahlen ist, da so viele traurige und schmerzhafte Gründe mich zur Eingehung dieser Schuld gezwungen haben, und mir dieselbe schon ohnedies die Freude der letzten Tage genugsam vergällt hat, auch bitte ich dies Factum nicht Anderen mitzutheilen, da das Publicum wohl geneigter sein möchte, meine Schuld zu richtgn, als meine Entschuldigung zu hören.

Meine Gesundheit ist vortrefflich, gegen meine Diät würde selbst Pythagoras nichts einzuwenden haben, da ich bei vielem Appetit wenig esse und nichts trinke als

Wasser und auch auf der ganzen Reise nichts Anderes getrunken habe, mit Ausnahme eines einzigen Glases Wein, den ich bei einer Verwandten eines anderen Demagogen habe trinken müssen.

Die grünenden Fluren haben in mir eine sehnsüchtige Neigung zur Landwirthschaft wieder erweckt, und Thaer und Koppe liegen vor mir, um durch Theorie zu ersetzen, was die Praxis mir versagt.

Solltest Du kommen, so wirst Du mich wohl etwas verändert finden, doch hoffe ich, zu meinem Vortheil, und wenn ich es ernstlich und recht überlege, so will es mir scheinen, als ob, mit Abrechnung des Kummers, den ich Dir gemacht habe, diese traurige Zeit für mich gut gewesen ist; die alte, mir so verderbliche Lust nach Vergnügen, gegen die Du so oft gepredigt hast, hat mich größtentheils ganz verlassen, und hat, ohne in Apathie überzugehen, in mir nur den Wunsch nach einer ruhigen, gesunden und regelmäßigen Beschäftigung übrig gelassen.

Verpflegungsgelder erhalte ich hier auf der Commandantur gar nicht. Alle sechs Monate soll über mich an die preußische Regierung Bericht abgestattet werden, also habe ich die Hoffnung, nach Verlauf der ersten sechs Monate entlassen zu werden, und hoffe auch vorher noch von der mecklenburgischen Regierung einen Urlaub zu erhalten, um auf Sophiens Hochzeit sein zu können.

An den Großherzog habe ich einen dankenden Brief geschrieben von Graudenz aus, nicht aber an den Minister Lützow,* da mir die sorgliche Verwendung desselben für mich nicht auf officiellem Wege bekannt gemacht sein konnte; wenn Du es aber wünschest, so ist es noch immer Zeit dazu.

Tante hat mich mit mehreren Nachrichten aus unserer Familie bekannt gemacht, die ich jedoch bei Gelegenheit von Dir besser hören werde. An Lisette werde ich auch noch ein paar Worte schreiben. Bleibe gesund und besuche sobald als möglich, Deines Wohlseins unbeschadet, Deinen Fritz Reuter.

---

* Der Herr von Lützow, Minister unter dem Großherzoge Paul Friedrich, ein durch seltene Herzensgüte und rechtliche Gesinnung ausgezeichneter Mann, wie seinem Fürsten ein treuer Diener und menschenfreundlicher Berather, nahm sich des in Preußen gefangen gehaltenen jungen Landsmannes mit warmem Eifer und unermüdlicher Fürsorge an. Nach dem Ableben Paul Friedrichs, von diesem dem jungen Thronerben, dem Großherzog Friedrich Franz II., dringend empfohlen, stand er auch dem jugendlichen Sohne, wie er es dem Vater versprochen, als treuer Berather zur Seite, ging im Jahre 1849 nach Einführung der Landesverfassung in das liberale Ministerium über, schied im Jahre darauf nach dem Sturze des Ministeriums und der Aufhebung der Verfassung durch das von Friedrich Wilhelm IV. eingesetzte Schiedsgericht aus dem Staatsdienste und lebte darauf in stiller Zurückgezogenheit auf seinem Gute in einfachen bürgerlichen Verhältnissen, von Allen, die ihn gekannt, als ein redlicher Mann und guter Bürger bis über seinen Tod hinaus verehrt.

Dömitz, den 6. Juli 1839.

Mein lieber Vater!

Gewiß habe ich mit Furcht und Kummer Deinen letzten Brief erwartet, indem sich alle die Sorgen, die ich mir schon in längerer Zeit in Graudenz gemacht habe, so verstärkt haben, daß meine Lage unter sonst wohl zu ertragenden Verhältnissen keineswegs eine glückliche genannt werden kann; aber so ernsthafte Vorwürfe und so traurige Nachrichten, und was mehr als alles Andere ist, einen so verstimmten Ton, als in Deinem Briefe herrscht, habe ich nicht erwartet. Die Schuld ist mein, das ist richtig, aber die Entschuldigung übernimmt zum großen Theil das Geschick. Dich in meine Lage zu versetzen, ist Dir nicht möglich, da Du eine höchst mangelhafte Vorstellung davon haben mußt, weil in den Briefen, die bisher zwischen uns gewechselt sind, die schlimmen Seiten derselben nie haben erörtert werden können, und in einem Briefe auch nicht genügend darzustellen sind.

Mein Loos ist es gewesen, stets mit Leuten zusammen zu sein, die außer 5 Sgr. täglich Nichts hatten, die früher es besser gewohnt waren und durch die harte Gefangenschaft körperlich heruntergekommen, unmöglich existiren konnten. Du hast den Anblick nicht gehabt, daß ein Schwindsüchtiger, der täglich 5 Sgr. zu verzehren hatte, 10 Sgr. für Medicin ausgeben sollte, daß ein gesunder Mensch aus Mangel an Stiefeln Wochen lang in der dumpfen Kasematte liegen mußte. Denke Dir nun, daß ich bei keinem Kaufmann, bei keinem Handwerker selbst kaufen oder dingen konnte, daß ich auf alle Weise übervortheilt und von den Aufwärtern betrogen worden bin, ohne ihnen diesen Betrug nachweisen zu können, daß jede kleine Vergünstigung, die uns die Aufseher gestatteten, mit Geld aufgewogen werden mußte, denke Dir dies Alles, und Du wirst meine Entschuldigung in ihren Hauptzügen kennen gelernt haben, wie es gekommen ist, daß ich immerfort mit meinem Gelde in Rückstand gekommen bin.

Längst hätte ich Dir meine Verlegenheit melden sollen, aber wie war dies möglich, ohne die Commandanturen in die Sache einzuweihen, und das hätte man Durchstecherei genannt, dazu kam noch ein Brief von Dir, in welchem Du mir Aussicht machtest, meine Zulage später erhöhen zu können, und so hoffte ich mir dadurch helfen zu können.

Du schreibst, daß Du mich nun nicht besuchen könntest; darauf kann ich nichts erwidern.

Tante hat mir hier, schon bevor ich ankam, einen Mittagstisch ausgemacht bei einer Madame Kuhfahl, wo alle anderen Gefangenen essen und wofür ich täglich 8 ßl. zahlen muß, das macht monatlich 5 Thlr.; dieselbe hat mir im Anfange zu Abend manchmal etwas geschickt, was ich jedoch dringend verbeten habe, indem ich mit Butterbrod zufrieden bin; überhaupt suche ich ihre übergroße Güte so wenig als möglich in Anspruch zu nehmen, zumal in Sachen, die ihr Kosten verursachen.

Ich soll Dir melden, mit wie viel ich auskommen kann; ich will Dir dasselbe ganz überlassen; bestimme Du, wie viel Du mir geben kannst, ich habe keine Ansprüche und will auch keine geltend machen.

Der Herr Obristlieutenant hat gestern mit mir über den Inhalt Deines Briefes gesprochen und mir gesagt, er könne nichts bei der Sache thun, da die Regierung die Art der Verpflegung selbst bestimmt habe; auch müsse ich mir Licht und Heizung selbst halten. Der Gerichtsrath Blankenberg hat mir auf meine Bitte die Verfügung der Regierung selbst gezeigt; in derselben steht: der ꝛc. Reuter sei auf seine eigenen oder eventualiter auf seines Vaters Kosten zu verpflegen. Ich habe gefragt, ob mir die Verpflegung nicht vorschußweise verabreicht werden könne, was jedoch negirt worden ist. Dies wirst Du aus dem Briefe des Herrn Commandanten, der die Güte gehabt hat, mir meinen Brief als Einlage besorgen zu wollen, selbst ersehen.

Ob die Regierung die Reise auf Urlaub bewilligt, ist sehr unbestimmt, doch werde ich, falls ich den Termin der Hochzeit genauer kenne, darum einkommen.

Da die Regierung bestimmt hat, daß ich ebenso gehalten werden soll wie die vorigen Demagogen, so hat man mir hier die Erlaubniß zum Baden gegeben; die Erlaubniß, in die Stadt zur Tante zu gehen, hat mir der Herr Commandant mit der Bemerkung gegeben, wenn er es nur nicht wüßte; und so habe ich die letztere schon öfter, die erstere noch gar nicht benutzt.

Tante besuche ich fast alle Tage und bin eben so oft in der Familie des Herrn Obristlieutenants, sonst kenne ich außer dem Herrn Gerichtsrath und dem Herrn Pastor Held, die Beide mir eine Gegenvisite gemacht haben, hier noch Keinen, und denke den Bekanntschaften auch aus dem Wege gehen zu wollen. Im Hause, wo die Gefangenen wohnen, habe ich eigentlich nur Umgang mit dem Hofrath T., Augustens gewesenem Principal; ich bin sehr von ihm eingenommen, und auch er scheint etwas auf mich zu halten, da er meinen Umgang sucht; weswegen er hier ist, weiß ich nicht, und will's auch nicht wissen, da es vielleicht nicht zu seinem Ruhm wäre, und das würde mir leid thun.

Auf Großmutters Tod hast Du wie auch Lisette mich schon längst vorbereitet; aber jetzt, wo ich ihr so nahe war, hatte ich die Hoffnung gehegt, sie noch einmal wiederzusehen; Gott möge mir die noch Lebenden in unserer Familie erhalten, und vor Allen Dich!

Ich hoffe von Dir bald einen Brief zu erhalten, der mir Verzeihung und die Fortdauer Deiner Liebe zusichert. Lebe wohl und erhalte Dich gesund wie Dein Sohn F. Reuter.

Gestern ließ mich die Tante rufen, um mir die Nachricht von der Ankunft von Stavenhäger Bier* zu melden; ich habe dasselbe probirt und muß ohne Uebertreibung sagen, daß ich, seitdem ich Köstritz und Ilmenau verlassen, es nie so gut getrunken habe, da es jedenfalls viel besser ist als alle Berliner Biere. Wenn ich auch annehme, daß Ihr mir vorzugsweise das beste gesandt habt, so zeigt es doch zur Genüge, daß Ernst die Sache versteht. Dem Herrn Obristlieutenant und dem Herrn Gerichtsrath habe ich mit Tante's Erlaubniß einige Flaschen geschickt und bitte um die Mittheilung des Preises pro Tonne und pro kleine Flasche.

Brauer Meyer in Ludwigslust ist todt; man meint, sein Geschäft wird eingehen, da auch sein Bruder und sein ältester Sohn gestorben sind.

Dömitz, den 22. Juli 1839.

Mein lieber Vater!

Herzlich grüße ich Dich und danke Dir für Deinen freundlichen Brief. Wenn diesmal mein Brief sehr kurz wird, so hat dies seinen Grund weder in Leichtsinn und

---

* Aus der Brauerei des Bürgermeisters Reuter, der ersten bayerischen Bierbrauerei in Mecklenburg; ein ganz vorzügliches, seiner Zeit durch das ganze Land verbreitetes und berühmtes Bier.

Faulheit, sondern in dem Wunsche Tante's, daß ich schon heute schreiben möge, und in der Entschuldigung, die Dir Lisette und Sophie später überreichen werden.

Hoffmann aus Parchim hat 35 Thlr. richtig eingesandt und ist demnach die Absendung des Briefes nicht nöthig geworden; er hat sich eine Quittung, als unnöthig, verbeten.

Der Herr Obristlieutenant v. Bülow hat mir aufgetragen, bei Dir eine Tonne dieses Bieres zu bestellen, da die Aerzte ihm solches als sehr gesund empfohlen haben; überhaupt habe ich dafür gesorgt, daß Dein und Ernstens Product hier sehr vortheilhaft bekannt geworden ist, zumal da das Ludwigsluster Bier eben so theuer und viel schlechter ist, da es mit Quassia* angemacht ist (crede expecto Ruperto, um mich eines Deiner Ausdrücke zu bedienen). Der Herr Amtsverwalter v. Breitenstein, dessen Bekanntschaft ich gemacht, grüßt Dich freundlichst.

Gieb mir zum Unterhalte dasselbe, was ich in Magdeburg und Graudenz hatte, nämlich 10 Thlr. von Dir und 5 Thlr. vom Staate; damit denke ich auszukommen, obgleich es hier in mancher Beziehung theurer ist und ich mir Holz selbst halten muß.

Ernst sehe ich bald und sehnsüchtig entgegen. Lebe wohl. Dein F. Reuter.

---

* Also eine altbekannte Industrie!

Dömitz, den 11. August 1839.

Lieber Vater!

Statt Deiner eigenen Person hast Du mir einen langen Brief gesendet, und wenn es möglich wäre, daß etwas mir Deine Gegenwart ersetzen könnte, so wäre es ein so instructives und rathgebendes Schreiben; darum will ich mir auch die größte Mühe geben, dasselbe so vernünftig und gründlich wie nachgebend zu beantworten, als in meiner Macht steht.

Die Aussichten, die Du mir als Jurist bietest, sind wohl sehr gut, es sind jedoch Bedingungen damit verknüpft, die theils außerordentlich schwer für mich zu erfüllen, theils gänzlich außer meiner Macht liegen. Die jungen Advocaten, die ich gesprochen und die soeben ihr Examen gemacht haben, haben mir dasselbe als außerordentlich schwer geschildert und Einige von ihnen hatten das Richterexamen nicht bestanden, Andere wagten sich nicht einmal daran, sie hatten lange Zeit sich ausschließlich und fleißig mit dieser Wissenschaft beschäftigt, hatten auf den Universitäten die zweckmäßigsten Collegia gehört und waren auch wohl hier und da von Einzelnen protegirt worden; dies Alles ist bei mir nicht der Fall: ich habe mich nur höchst mangelhaft mit dem Anfang der Rechtsstudien bekannt gemacht, habe lange nicht die Hälfte der Collegia gehört, und was die Protection betrifft, so kann ich nur auf deren Gegentheil rechnen, wenn gerade auch nicht beim Examen, doch bei Besetzung der Stellen. Du schreibst, wenn ich die günstigen Conjuncturen benutzen wolle und als Advocat Senator, als Richter Bürgermeister werden wolle, so müsse ich binnen drei oder vier Jahren mein Examen gemacht haben; wie aber, wenn schlimmsten Falls meine Haft noch drei Jahre dauert? Dies abzuändern liegt nicht in meiner Macht. Man sagt, die Mathematik sei ein trockenes Studium; ich finde dies nicht, habe es sogar in meinem 17. und 18. Jahre nicht gefunden, sondern sie ist meine Lieblingsbeschäftigung gewesen; aber die Jurisprudenz ist mir fürchterlich dürr vorgekommen, ist mir bis jetzt nur als eine Wissenschaft vorgekommen, die in manchen Punkten, und zwar in ihren Hauptpunkten, gegen die gesunde Vernunft verstößt. Ich glaube, ich irre hierin; ich glaube, das ewige Anfangen und wieder Aufhören hat mir die ganze Sache verleidet und mich mit Widerwillen erfüllt, der vielleicht irrthümlich, aber doch einmal da ist. Du wirst mir einwenden: wenn Du selbst glaubst, daß Du darin irrst, daß Dein Wille Vorurtheil ist, so wirf es weg! Das wäre so weit recht, wenn dies ein Irrthum des Verstandes wäre, von dem könnte man durch Anderer bessere Ueberzeugung geheilt werden; es ist aber ein Irrthum der Neigung, da hilft selbst nicht die eigene Ueberzeugung, oder doch nur höchst selten. — Vom Widerwillen bis zur Liebe ist ein gar zu großer Schritt, und mit Liebe und Interesse müßte ich die Sache doch ergreifen, wenn ich die großen Kenntnisse mir in der kurzen Zeit erwerben wollte, die zur Realisirung Deines Planes nöthig sind.

Ganz anders verhält es sich mit der Landwirthschaft; zu diesem Gewerbe bringe ich Lust und Liebe mit, die dazu erforderlichen Kenntnisse habe ich theils jetzt schon mir angeeignet, theils werden sie leicht von mir erworben werden können; und wenn ich auch zugebe, daß Du mit Deiner Besorgniß Recht habest in Hinsicht der prompten Führung einer beschwerlichen Correspondenz, so ist dies doch wohl nur für den Anfang, als für etwas Ungewohntes, zu besorgen. Den richtigen Blick für das Zweckmäßige traue ich mir zu, wenn auch nicht in dem Grade, als Du ihn besitzest. Mir fehlt bis jetzt vorzüglich das Provinciel-Positive, welches ich früher mir nicht zu eigen machen konnte; ich habe also seit ein paar Tagen eine sonderbare Procedur angefangen. Hier sitzt ein Inspektor Denzin, wegen Mordversuch gegen den Rittmeister von Meibohm; derselbe scheint früher ein guter Praktiker gewesen zu sein; den lasse ich mir nun Morgens auf mein Zimmer kommen, Nachmittags und Abends ist er nicht recht zu brauchen, und lese ihm den Thaer vor, lasse ihn seine Bemerkungen dazu machen und frage ihn über bestimmte Data, die allgemein hier zu Lande gültig sind, aus. Da derselbe nun nicht recht die Ausdrücke und den ziemlich schwierigen Gang des Thaer-schen Handbuches versteht, so erkläre ich ihm die Sache und so wird mir selbst Alles ziemlich deutlich, und der gute alte Denzin denkt, er ist der Schüler, und nennt die ganze Sache: „by mi in dei Schaul gahn"; daß ich aber wohl der eigentliche Schüler bin, kannst Du Dir wohl denken. Dies bemerke ich nur, um Dir ungefähr zu zeigen, wie weit meine Kenntnisse gehen und wie ich sie zu vergrößern trachte. Ich komme jetzt zu den speciellen häuslichen Verhältnissen, in so weit ich dieselben aus Briefen und sechsjähriger Erinnerung beurtheilen kann. Du wirst mir das Zeugniß nicht versagen können, daß ich nie unbescheidener Weise in Deine pecuniären Verhältnisse eingedrungen bin, daß ich nie gefragt habe, wie viel Vermögen Du besitzest und wie viel Deine liegenden Gründe nach Abzug der Schulden werth sind; ich habe dies aus einem gewissen Zartgefühl unterlassen, indem ich mir vorhielt, wie wenig Recht ich dazu hätte, den sauer erworbenen Erwerb eines Anderen zu controlliren, selbst wenn derselbe mein Vater wäre; und wie es den Anschein gewinnen könnte, als wolle ich im Voraus berechnen, wie viel mir dereinst von diesem Vermögen zufiele. Da solche eigennützige Berechnungen meistens ihre gebührende Strafe in getäuschten Erwartungen in sich tragen, und aus diesen dann hernach Neid und Haß gegen Diejenigen hervorgehen, durch die man sich verkürzt glaubt, so habe ich mich gewöhnt, dies Alles unbedingt Deinem Ermessen und Deiner Fürsorge zu überlassen und meine Hoffnungen so niedrig wie möglich zu stimmen, was mir um so leichter geworden ist, da, wie ich zu Gott hoffe, Habsucht nicht zu meinen Fehlern gehört. Mir bei Deinen Lebzeiten, die noch lange währen mögen, Geld auszuzahlen, möchte ich Dir nicht rathen; ich habe unterwegs in einer kleinen Stadt unter dem Thore eine große Keule hängen sehen, unter derselben stand geschrieben: „Wer seinen Kindern giebt das Brod, und leidet dafür selber Noth, den schlag' man mit der Keule todt!" Was nun eine Frau, und zwar eine reiche Frau betrifft, so denke ich noch gar nicht daran, und werde auch nicht früher daran denken, bevor ich gewiß bin, eine ernähren zu können, und wenn ich das kann, brauche ich keine reiche.*

Nun will ich Dir auch auseinandersetzen, wie ich die Verhältnisse ansehe, und welchen Plan ich darauf gebaut habe: So lange ich hier bin, werde ich unausgesetzt fortfahren, in den landwirthschaftlichen Wissen-

---

* Der Bürgermeister Reuter hat seinem Sohne nicht etwa eine „reiche Partie" vorgeschlagen, wie aus obiger Bemerkung hervorgehen könnte, sondern er hatte unter seinen verschiedenen Einwürfen gegen den Beruf des Landmanns auch den hervorgehoben: daß sein Sohn ohne eine reiche Frau, zu der er doch keine Aussicht habe, es niemals zu einem besonderen Erfolge in diesem Berufe werde bringen können.

schaften fleißig zu sein und meine Vorliebe dafür fortwährend zu nähren, damit ich ein Capital von Lust und Liebe sammele, von dem ich hernach bei unausbleiblichen Unannehmlichkeiten zehren kann, und werde dann, wenn diese unglückliche Haft zu Ende ist, zu Dir nach Stav. kommen und bei Dir bleiben, um namentlich Deine Wirthschaft tüchtig zu erlernen und zu führen. Hierzu bewegen mich mehrere Gründe, erstens meine ausdrückliche Vorliebe für eine Wirthschaftsart, in der man mehr als gewöhnliche landwirthschaftliche Kenntnisse anwenden kann, und die bei kleinem Grundbesitz einen hohen Ertrag gewähren kann, nicht zu gedenken, daß sie offenbar weit mehr als eine andere zum Wohle der Mitmenschen beiträgt; zweitens die Aussicht, daß ich auf solche Weise am sichersten das erwerbe, was mir fehlt, nämlich Genauigkeit der Buchführung und prompte Besorgung der Correspondenz, indem ich wohl nicht Unrecht habe, wenn ich schließe, daß eine solche Einem zur nicht weichenden Gewohnheit werden muß; und drittens, weil die Verhältnisse mich geradezu darauf hinweisen, und es doch wohl besser ist, sich nach den Verhältnissen zu richten, als dieselben nach sich und seinen Wünschen umzuwandeln, welches doch oft ein Kampf sein möchte, in welchem man der Ueberwundene wäre. Ueber die ganz persönlichen Angelegenheiten der Mitglieder unserer Familie kann ich gar nicht urtheilen, da ich Keinen von ihnen gesprochen, also nicht wissen kann, wie sich ihre gerechten Aussichten zu ihren Wünschen verhalten, ich kann nur Allen den Rath geben, sich auf Dich zu verlassen und die Zeit abzuwarten.

Das Project, als Maler mein Brod zu verdienen, ist von allen das unstatthafteste; Portraitmalerei ist die niedrigste Stufe der ganzen Kunst und verdient nur schlecht bezahlt zu werden; es ist das Geschäft, was ich in der äußersten Noth ergreifen würde. Hätte ich Gelegenheit gehabt, von früher Jugend zweckmäßige Anleitung darin zu erhalten, so wäre vielleicht etwas aus mir geworden; aber in einem Alter, worin man das Technische durchaus schon inne haben muß, kann man dabei nicht erst beginnen. Die projectirte Urlaubsreise nach Stav. hat viel für sich und viel gegen sich. Daß die Regierung, wenn ich ganz zu ihrer Disposition stünde, unbedingt darein willigen würde, hat keinen Zweifel; da jedoch meine Stellung eine zweifache ist, und Preußens Hand die mächtigere, so kommt es allein darauf an, ob unsere Regierung dies auf ihren eigenen Kopf zu thun wagt. Der Grund, zur Hochzeit zu reisen und Dich zu besuchen, genügt auf alle Fälle nicht, und so habe ich denn mit August, der uns hier besuchte, die Sache dahin abgesprochen, daß ich durch ärztliche Atteste, die ich mir hier genügend verschaffen kann, meinen geschwächten Gesundheitszustand documentire und zur Herstellung meiner Gesundheit den Aufenthalt im Vaterhause beantrage, weshalb Du nicht bange zu sein brauchst, wenn Du eine klägliche Beschreibung von meinem Zustande in Erfahrung bringen solltest. Ich werde ein schriftliches Ehrenwort einsenden, mich nicht aus Stav. und dessen Umgegend zu entfernen und mich zu jeder Zeit in Dömitz wieder einzustellen, und denke das Ganze an Serenissimus selbst einzuschicken; mein Antrag wird wo möglich auf unbestimmte, nöthige Zeit gerichtet sein. Ich bitte also, mir zu melden, wann ich das thun soll, ich denke, sobald wie möglich.

Meinen herzlichsten Dank an Lisette und Sophie für die Uebersendung des utile et dulce, womit sie mich erfreut haben.

Gesundheit und Heiterkeit wünscht Dir sowie allen anderen Hausbewohnern Dein Sohn

F. Reuter.

Diese innere Abneigung gegen das Rechtsstudium, die immer entschiedener und gerade in dem vorstehenden Briefe so überzeugend zum Ausdrucke kommt, findet ihren Rückhalt nicht etwa nur in der Laschheit und Unlust des Willens, sie zu überwinden, und den Gegenstand, wenn auch ohne Neigung, doch aus Zweckmäßigkeitsgründen dennoch sich anzueignen, wie solche in der Wahl eines Studiums nur zu oft leitend sind, sondern sie ist absolut unüberwindlich in einem Manne, in welchem deutsches Fühlen, deutsches Denken, deutsches Gemüthsleben, kurz, germanisches Wesen so ganz und gar verkörpert ist, wie in Fritz Reuter.

Lieben Schwestern!

Ich überschicke Euch ein Gedicht, worunter Ihr Eure Namen mit zierlichen Zügen und in Ernstens angenehmer Nachbarschaft zu setzen habt, und zwar jede an den mit Bleistift bemerkten Ort; dann wascht und kämmt Euch ordentlich, damit Ihr recht schmuck aussehet, und überreicht es Vater zu seinem Geburtstage, indem Ihr es auf eine Schüssel Weißkohl und Hammelfleisch legt; so wird's ihm wohl schmecken. Du, liebe Sophie, kannst den vorletzten Vers mit etwas schmachtendem Ausdruck absingen, und zwar nach der Melodie: „Du, du liegst mir im Herzen"; Dein zukünftiger Eheliebster und jetziger dienstwilliger Sclave kann accompagniren; daran, denke ich, wird der Vater schon zufrieden sein. Vor Allem bitte ich, daß Ihr Vater ersucht, das Product nicht außer dem Familienkreise zu veröffentlichen; ich möchte sonst zu arg in der Leute Mund gerathen. Lebt Beide wohl und grüßt Ernst, den ich täglich erwarte. Euer Bruder

F. Reuter.

Dömitz, den 24. September 1839.

Mein lieber Vater!

Deinen Auftrag an Herrn Staak habe ich besorgt, jedoch hat mir derselbe geantwortet, daß schon am

2. d. M. die Tapeten nach Wahren abgegangen sind, und so wirst Du dieselben wohl schon zu rechter Zeit erhalten haben.

Für Deinen Thibaut sage ich Dir herzlich Dank und verspreche Dir nochmals, denselben eben so fleißig zu studiren, wie den Koppe, aber anhaltender und ergo schneller. Ich habe vom Herrn Hofrath T. das System von Wenig Ingenheim und dann noch den Makeldey und bin so im Stande, mein Studium nicht einseitig zu verfolgen, indem jedoch ich den W. Ingenheim als eigentlichen Leitfaden betrachte, theils weil ich denselben von Anfang an gehabt habe, theils auch weil ich ihn früherhin einmal flüchtig kennen gelernt habe. Daß mir die Sache nicht leicht wird, kannst Du Dir denken und habe ich Dir auch schon mündlich gesagt; ich habe sie mir aber auch nicht leicht gedacht und nicht leicht gemacht.

Was nun Deinen zweiten Wunsch betrifft, nämlich mir die Gunst des Commandanten zu erhalten, so gehört derselbe zu den piis desideriis. Man verlangt zu viel von mir, ich soll dort alle Abend von 5 bis 9 Uhr den Damen und ihm die Zeit vertreiben, das kann ich nicht aushalten, und habe auch dazu keine Zeit, wenn Du bedenkst, daß ich den ganzen Morgen bis 1 Uhr oder auch nur 12 Uhr auf meinem Zimmer beim corpus juris sitze, von 1 bis 2 esse, von 2 bis 4 (doch fällt zuweilen hier eine Stunde fort, wo ich zur Tante gehen muß) wieder Jura oder irgend etwas Anderes treibe, und daß mir dann doch Erholung durch Spazieren oder andere angenehmere Unterhaltung Noth thut. Bei Deiner Anwesenheit hatte ich die Erlaubniß, bis 9 Uhr von der Festung wegzubleiben, und da ging ich denn zuweilen von 5 bis 8 spazieren, im Sommer gewiß die angenehmste Zeit; dies hatte aber allerhöchsten Unwillen erregt, da dies die Theestunde war, und so kam man zu dem glücklichen Gedanken, mich zu diesem Besuch zwingen zu wollen, durch die Ordre, die scheinbar durch die Meldung eines jämmerlichen Subjects von Officier hervorgerufen war, daß ich zu spät nach Hause gekommen sei, daß ich nach 5 Uhr nicht mehr die Festung verlassen sollte, weil es im Winter dann dunkel würde. Da ich nun aber nicht Lust habe, mich bei meiner jetzigen Lage zu dem Hofdienst einer stadtbeklatschenden Unterhaltung zwingen zu lassen, so bin ich dabei geblieben, etwas seltener dahin zu gehen und erhalte dafür dann kühle Gesichter und finstere Blicke, die mich jedoch nicht im Geringsten geniren, indem ich denn erst die Grobheit abwarten will, wo ich denn gar nicht mehr hinzugehen gedenke. Daß Dir dies Alles höchst unangenehm sein muß, ist gewiß, daß ich aber nicht dafür kann, ist eben so gewiß, und so denke ich, müssen wir uns darein, als etwas Unabänderliches, fügen, zumal da ich glaube, daß es mir nicht schaden kann, wenn ich ihm nichts in den Weg lege.

Deinen Auftrag nach Conow habe ich besorgt, wie Du aus dem beigelegten Attest des Herrn Pastor loci sehen wirst.

Das ärztliche Attest habe ich bis jetzt durch den besonderen Gemüthszustand des Ausstellers noch nicht erhalten, doch hat er es mir auf heute sicher versprochen. Er hat es mir gestern mündlich recitirt und glaube ich, daß es seine Wirkung nicht verfehlen wird, falls Deine Besorgnisse und Nachrichten aus Schwerin nicht gegründet sind. Doch das wollen wir erst abwarten.

Der Bürgermeister und Dr. F. hat mich besucht und mir viel vorgeschwatzt von seinen Plänen, wie er in dem Convent der Bürgermeister auftreten würde; ich habe ihn aber nicht so recht genießen können, da ich an heftigem Kopfschmerz litt. Er ist sonst ein sehr guter Junge, der nur ein bißchen confus ist.

Du verlangst mein Gedicht; aber sicher hast Du im Sinne, es einem oder dem anderen guten Freunde vorzulesen; thue das nicht, weil ich nicht gern möchte, für einen Dichter zu gelten, theils weil ich es wirklich nicht bin, theils auch weil ich auf solche Weise den liebenswürdigen Gelegenheitsgedichten aus dem Wege gehe.

Grüße Alle vielmal, des Nächsten werde ich an Lisette und Sophie schreiben. Nauwerk hat sehr freundlich und brav an mich geschrieben und so werde ich ihm antworten. August hat mir geschrieben, daß er in den nächsten Tagen zu mir kommen will. Tante und Doris lassen grüßen. Lebe wohl. Dein

F. Reuter.

Dömitz, den 19. October 1839.

Mein lieber Vater!

Es giebt doch nichts Schlimmeres, als das Machen von Plänen, wenn man die Materialien nicht durchaus sicher in seiner Gewalt hat; ich bin wiederum schlecht damit gefahren. Am Montag ging ich ins Feld und bauete mir in meinem Kopfe ein Gebäude, das bald ein Tempel, bald ein Wirthshaus war, worin bald nichts als der Ambrosia und Nektar der Freundschaft und Liebe, bald nichts als Schinken und Mettwürste dem hungrigen Wandrer gereicht wurden, kurzum, ich bauete mir ein lustig Haus. Zuerst legte ich den Grundstein, die Basis meiner Hoffnungen, und hierbei, und auch nur hierbei beging ich einen Fehler und vergaß die goldene Regel, die auf dem Titelblatt zu Kron's Rechenbuch steht: „Wo an dem Grund ist was versehen, da kann es über kurz geschehen, daß Müh' und Kunst zu Grunde gehen." Mein Grundstein war der Satz (für mich ein axioma) „morgen, am Dienstag, erhalte ich die Erlaubniß der Regierung nach Hause zu reisen". Nun legte ich eine Schicht Mörtel, die hieß „morgen Abend gehst Du zum Obristlieutnant und nimmst obbesagte Erlaubniß wie eine warme Semmel in Empfang". Dann kam die Sohle; die lautete „drauf packst Du Deinen Koffer und suchst Dir auf alle Fälle Geld zu verschaffen, da der Vater bisher noch nichts geschickt hat". Dann bauete ich mir ein hübsches Gastzimmer und nannte es Grabow, worin der Bürgermeister Flörke mich empfing und mit mir die städtischen Verhältnisse besprach zu meiner großen Erbauung; dann bauete ich einen schönen hellerleuchteten Saal mit einer Aussicht auf grüne Bäume und goldene Saaten und nannte ihn Parchim; der Saal faßte aber nicht die Leute, für die er bestimmt war, und ich bereuete es halb und halb, keine Rotunde gebaut zu haben. Mir wurde bange in dem Gedränge und ich beschloß, mich in mein Kämmerlein zurückzuziehen, das ich Jabel nannte, es war klein, sehr klein, aber still und freundlich wie ein Sommerabend, wo man Mondschein trinkt und ad libitum Lindenduft verspeiset. Auf dem Tisch lag der Landprediger von Wakefield aufgeschlagen und zwar die Stelle, wo die Töchter des Landpredigers sich Schönheitswasser im Kamin kochen und er selbst so lange mit der Feuerzange spielt, bis er es richtig umgestoßen hat. Nun hatte ich Alles, nur fehlte mir noch etwas, worauf der selige Onkel Herse beim Bau seines neuen Hauses so großen Bedacht nahm, nämlich ein Studirzimmer, den Namen hatte ich dafür bald gefunden, ich nannte es Stavenhagen; aber die Form konnte ich nicht bestimmen; da dachte ich: ach, was soll ich mich damit quälen, Dein Vater hat so viel Häuser gebaut, der wird Dir hierin den besten Rath geben können. Das Dach war bald fertig, ich deckte es gut, denn ich deckte es mit Schinken und Spickgansschnitten und steckte unter jeden solchen schweren Dachstein ein klein Stück Brod als Dachspan, dann setzte ich links einen Wetterhahn mit der Aufschrift „den 7. November" und rechts ein Storchnest, das nannte ich Sophiens Hochzeit, und als Alles fertig war, stellte ich einen Tannenbaum darauf als Symbol eines vollendeten Neubaues und des Weihnachtsfestes 1839.

Der Dienstag Abend kam und mit ihm die abschlägige Antwort der Regierung, indem sie nicht befugt sei, die Art meines Arrestes zu verändern und dies von Preußen abhängig sei; ob ich mich nun nach Berlin wende oder nicht, weiß ich noch nicht gewiß und bitte Dich, mir hierüber Deine Meinung mitzutheilen.

Mein Leben hier ist sehr einförmig, doch nicht lästig für mich; meine Studien gehen ihren Gang fort, haben jedoch in der letzten Zeit einen kleinen Stoß erhalten, indem ich genöthigt war, die letzten Portraits beim Obristlieutnant zu vollenden, wodurch ich denn wieder sehr zu Gnaden gekommen bin; zugleich aber mir eine neue vielleicht noch schlimmere Last aufgelegt habe durch die mir entschlüpfte Bemerkung, daß ich Schach spiele, was der Alte als etwas sehr zu Lobendes ansieht, indem er dann seine Winterabende damit hinbringen kann; August ist schon eine ganze Zeit hier und heitert mir meine Einsamkeit auf.

Wenn Du jetzt im Stande bist, mir etwas Geld zu schicken, so würdest Du mich sehr verbinden, da ich nichts mehr habe.

Grüße die Schwestern und verzeihe, daß ich schließe, August wartet mit seinem Briefe und hat mir es zu spät gesagt, daß er geschrieben habe. Ich wünsche, daß Du so wohl und munter bist als ich. Dein Sohn

F. Reuter.

Dömitz, den 16. November 1839.

Mein lieber Vater!

Du könntest mich der Undankbarkeit zeihen, wenn es Dir einfiele, wie Du mir in Deinem letzten Schreiben nicht allein Geld, sondern auch überdies ein schönes Geburtstagsgeschenk, von dem ich jedoch bisher noch nicht Gebrauch gemacht habe, übermacht hast, und nun so lange dafür auf Antwort von mir warten mußt; wenn Du jedoch die Umstände erwägst, so werde ich entschuldigt sein. Tante ist nämlich sehr gefährlich krank gewesen, sie hat circa 8 Tage lang zwischen Leben und Tod geschwebt, und so wollte ich erst eine günstigere Periode abwarten, um Euch nicht zu beunruhigen. Diese günstige Krisis ist eingetreten und die Aerzte geben die besten Hoffnungen, daß dies Brustleiden bald und vollständig geheilt sein wird. August, der noch hier war bei ihrer Krankheit, mußte sie auf ihren ausdrücklichen Befehl verlassen, was er denn mit dem traurigsten Herzen that, indem er die Stelle in Ludwigslust antrat.

Von mir kann ich Dir nur ziemlich Gutes melden, ein ganz klein Stückchen Hoffnung, ein bischen mehr Fleiß, ein großes Stück Gesundheit und noch weit mehr Zufriedenheit. Das Stückchen Hoffnung wirst Du als Leser des Hamburger Correspondenten wohl selbst gefunden haben, nämlich: daß der König von Preußen* zur Säcularfeier des Reformationsfestes einige politische Gefangene begnadigt hat, deren Namen jedoch noch nicht bekannt sind, worunter ich jedoch möglicher Weise sein könnte.

Was meinen Fleiß betrifft, so hätte er im juristischen Fache wohl lebhafter sein können, wie ich Dir schon früher schrieb, da ich jedoch jetzt durch 6 neue Portraits die Störungen aufgehoben habe und mich vor diesen zu hüten wissen werde, so wird er sich ganz auf die Pandecten concentriren, und kannst Du darüber durchaus ruhig sein. Mein Verhältniß zum Obrist-

* Dies „ganz kleine Stückchen Hoffnung" trog, wie alle vorausgegangenen gleichen Hoffnungen.

lieutnant ist sehr freundschaftlich, kostet mir aber an jedem Abend zwei Stunden, wo ich mit ihm Schach spielen und zu Abend essen muß; zu diesem Spiele gehört viel Ueberwindung und Klugheit, weil ich ihn gewinnen lassen muß, wenn ich ihn nicht böse machen will.

Ad vocem Zwiebeln, so läßt sich die Frau Obristlieutnantin freundlichst bedanken für Deine Offerte, die sie dankbarlichst annimmt, und ich bin so frei, Deine Gunst noch für eine Dir unbekannte, mir aber sehr bekannte Frau in Anspruch zu nehmen, nämlich für meine Speisewirthin, Madame Harder, die stets sehr freundschaftlich gegen mich ist, mir zu Gefallen oft Fisch und Kartoffeln kocht und keine Zwiebeln hat, die doch jedenfalls dazu gehören, und dann ist doch etwas daran aus Stavenhagen. Die Frau Hofräthin T., die sich hier mit ihrer hübschen Tochter (Augustens Elevin) aufhält, läßt Dir sagen, daß die Zwiebeln in Schwerin 4 Gulden kosten. Bestellungen auf Bier sind hier eingegangen: 2 Tonnen für die Madame Harder und 1 Tonne für Kaufmann Wanth; ich zweifle jedoch nicht, daß hier viel mehr abzusetzen sein wird.

Mit den landwirthschaftlichen Connexionen, die Du mir empfahlst, geht es nicht besonders; der Pachter auf — [Name dick durchstrichen] — ist wenig umgänglich und soll auch nicht was Rechts verstehen und Kaltenhof, wo ich wohl gut aufgenommen werden würde und auch etwas profitiren könnte, liegt jenseits der Elbe zu unbequem.

Daß die arme Tante in Jabel so unwohl ist und dies ein Grund zur Aufschiebung der Hochzeit ist, thut mir sehr leid, da ich gerne die Vereinigung dieser beiden jungen Leute wünschte.

Du hast mir im letzten Briefe mein Geld für diesen Monat versprochen, ich muß aber noch um 10 Thlr. für Holz bitten, da ich leider nichts geliefert kriege und bis jetzt nur etwas vom Herrn Commandanten geborgt habe. Sollten die Schwestern von Herrn Dr. Grischow einige Georginen-Knollen für die Damen auf der Festung erhalten können, so würde ich mich dadurch sehr insinuiren können. Ich wünsche, daß es Euch Allen so wohl ergehe, wie mir, und hoffe dies Euch bald selbst sagen zu können. Gedenke ferner Deines Sohnes

F. Reuter.

Dömitz, den 20. December 1839.

Mein lieber Vater!

Das Weihnachtsfest steht vor der Thür und klopft mit blaugefrorenen Händen an und bittet um Einlaß; nicht allein Jeder, sondern auch Jeglicher, ja ich möchte fast sagen Jedweder (dies ist wirklich einmal von einem meiner Commilitonen geschrieben) tritt ihm festlich geschmückt entgegen, reicht ihm die warmen Hände, und jubelnde Herzen schlagen ihm; und wenn es dann empfangen und in die warme, von Wachskerzen und Tannenbaum erleuchtete Stube geführt ist, vertheilt es die Gaben, die Jeder auf dem Hausaltar niedergelegt hat. Ich empfange es auch wohl freudig; aber doch nicht so, als wenn ich mit Euch einen Reigen schließen könnte und als wenn ich auch Etwas auf dem Altare niederlegen könnte; Nichts habe ich als Wünsche für Dein und der Schwestern Wohl und die Bitte um Erhaltung Deiner Liebe. Dies wird denn nun wohl das letzte Weihnachten sein, das ich fern von Euch zubringen muß, wenigstens im Kerker.

Heute bin ich ein halbes Jahr hier in D. und so muß der Obristlieutnant jetzt einen Bericht über mein Betragen an die preußische Regierung einsenden; daß dieser ein sehr guter sein wird, leidet keinen Zweifel, und wenn meine Freilassung von demselben abhängt, so könnt Ihr mich spätestens binnen 2 Monaten bei Euch sehen.

Herzlichen Dank sage ich Dir für die Uebersendung des Geldes, sowie für Deine Aufmerksamkeit in Hinsicht der Georginen-Knollen. Mit Grazie zwar habe ich sie den Grazien nicht anzeigen können, denn wenn mich die Musen zuweilen auch einmal aus der Ferne anschielen, so haben die Grazien mir doch nur stets ihre schöne Taille von hinten gezeigt; aber sie sind doch mit Freuden aufgenommen und da ich so ehrlich gewesen bin, nicht mir, sondern Dir die Ehre der Besorgung zuzuschreiben, so ward Dir denn auch der Dank.

Die Zwiebeln haben großen Effect gemacht, wenn auch nicht den ihnen eigenthümlichen, der Thränen, doch den der höchsten Bewunderung ihrer Größe und Vollkommenheit. Dadurch jedoch, daß ich behauptet habe, daß diese Riesen dem Boden Deines Feldes entstiegen seien, habe ich mir sehr geschadet, indem ich in den Ruf eines großen Lügners gekommen bin.

Mit meinen Studien geht es noch recht gut, obgleich ich wünschte, daß der Störungen weniger wären, und der Erfolge mehr. Du hast Recht, es ist ein schweres Werk, welches ich angehe, doch mit Gottes Hülfe wird es gehen und die Zeit wird ja auch wohl bald kommen, wo ich zeigen kann, daß es mir Ernst damit ist.

Es herrscht hier große Aufregung im Zuchthause und man erwartet alle Augenblicke einen gefährlichen Aufstand und Ausbruch, indem die Züchtlinge nicht nach Bützow in die neue Strafanstalt abgeführt sein wollen, womit bei Kleinem schon der Anfang gemacht ist.

Anbei erfolgt die Rechnung für die Tapeten vom Hrn. Staak, wobei er bemerken läßt, daß dieselbe vergessen worden sei.

Wir haben heute eine rasende Kälte und da kein Schnee liegt, denke ich mit Zagen an Deine Kardenpflanzungen. Ich wünsche, daß Du das neue Jahr froh und gesund antreten mögest. Gedenke Deines Sohnes

F. Reuter.

Dömitz, den 14. Januar 1840.

Liebe Sophie!

Fritz an Sophie!

Du glaubst Sophie,
Daß mir Genie,
Daß Poesie,
Und Melodie
Die Mus' verlieh?
Glaub' das doch nie!
Den Schluß doch zieh:
Daß ich Dich lieb', und wie!

Sophie an Fritz!

Fritz!
Kuck' durch die Ritz,
Daß unser Spitz,
Schnell wie der Blitz,
Nicht wegstibiz'
Dein Bischen Witz!

Wenn ich mich heute mit meinem Schreiben an Ew. Nasweisheit wende, so will damit meine herzlichsten Wünsche zu Dero angetretenem 38.* Lebensjahre gebracht haben. Liebe Sophie, Du bist jetzt in den Jahren, wo der Mensch nachgerade zur Vernunft kommt, früher warst Du noch Kind und Dir wurde von dem nachsichtigsten und besten Vater Manches nachgesehen, doch jetzt kannst Du nicht mehr darauf sicher rechnen, nimm Dich also zusammen, daß Du Deine Schuhe

* In dem Originalbriefe steht deutlich und ganz leserlich die Zahl 38; dieselbe scheint aber ein beabsichtigter oder unbeabsichtigter Schreibfehler zu sein. Im ersteren Falle, und dies ist bei dem scherzhaften Tone des Anfangs mit Sicherheit anzunehmen, ist die „38" wohl auf eine brüderliche Neckerei zurückzuführen, denn die Schwester Sophie war am 15. Januar 1814 geboren, zählte also bei Abfassung des Briefes, am 14. Januar 1840, erst 26 Lebensjahre.

nicht übertrittst und keine Hemmel am Kleide bekommst; sind fremde Leute zugegen, so wische Dir die Nase und mach' einen ordentlichen Knix, folge in Allem Deinem älteren braven Bruder, der Dir seinen guten Rath nicht vorenthalten wird, und sei überzeugt, daß Du auf solche Weise vielleicht endlich einen Mann erhältst. Ich könnte noch mehr über diesen Gegenstand sagen, dann würde aber mein Brief in die moralische Gattung zu rechnen sein und das will ich nicht.

Da jedoch dies Schreiben auch mit für Vater gilt und für die ernste Lisette, so muß ich den scherzenden Ton fallen lassen und einen ernsteren annehmen. Für's Erste meinen innigsten Dank für die Weihnachtsgeschenke, namentlich für die Uhr und das Uhrband,* beide Theile haben hier außerordentliche Bewunderung erregt. Die gute Tante hat mir einen Schlafrock und einen Tannenbaum geschenkt und von Bülow's habe ich eine Julklappe erhalten, worin ein Theetopf, Milchguß, Theebrett und eine hübsche Tasse enthalten waren. Du siehst also, mein Weihnachtsfest ist glänzender abgelaufen, als das Eure. Was jetzt aber folgt, ist nicht so angenehmer Art, und obgleich Eure Wünsche gewiß aus dem Herzen gekommen sind, so hat das Neujahr doch nur Verdruß und Unwohlsein zu Wege gebracht.

* Das Uhrband war aus dem Haar beider Schwestern geflochten. Nach dem Tode Fritz Reuters schenkte es Frau Dr. Reuter der jüngsten Tochter der Frau Sophie Reuter.

Die Sache ist diese: Am 3. dieses Monats kam ich wegen früherer Geschichten mit dem hiesigen Doctor Sch. während des Mittagstisches heftig zusammen. Der Streit war zuerst durchaus nicht persönlich, durch Sch.s Grobheit, die hier allgemein bekannt ist, wurde er es aber, und da er sah, daß er seinen Mann gefunden habe, rächte er sich dadurch, daß er mir beim Obrist-Lieutenant zuvorkam und demselben die Sache entstellt vortrug. Ich wurde also zu demselben gerufen und von ihm mit Grobheiten empfangen; ich bat ihn, mir auch Gehör zu schenken und die Sache zu untersuchen, davon wollte er jedoch nichts wissen und fuhr mit Schimpfen fort, obgleich ich ihm sagte, in diese Lage könne Jeder kommen. Wie dies so blieb, antwortete ich, wenn ich bei ihm kein Recht fände, so würde ich es mir anderweit suchen, worauf er mir die Thüre zeigte. Er hat mir nun die Erlaubniß genommen, in die Stadt gehen zu können, was mir nicht viel ausmacht, da ich nun auch der Sclaverei enthoben bin, alle Abend in seinem Hause mich zu langweilen. Daß die Sache sich so verhält, könnt Ihr mir glauben; auch ist der Doctor Sch. schon hier beim Hofrath Taddel gewesen und hat die Sache durch die Entschuldigung von Uebereilung seinerseits wieder einleiten wollen, wozu ich mich jedoch nicht verstehen werde. Durch den Aerger bin ich recht unwohl geworden und nachdem meine Gemüthsstimmung soweit beruhigt war, an Euch schreiben zu können, hatte ich das Unglück, eine sogenannte Adel am Finger zu bekommen, woher der Brief so spät kommt und so an Alle gerichtet ist.

Sage Vater, daß es mich sehr freut, daß die Disteln so gut verwahrt sind, da jetzt die Kälte wohl ihnen schaden könnte. In Schlesien, wo auch dergleichen gebaut werden, hat man schon 17 Grad gehabt und so wäre es möglich, daß er zukünftig Jahr einen guten Markt hat. Glück wünsche ich ihm in Betreff des Projects mit dem alten Bauhof.

Alles, was Lisette geschickt hat, ist hier glücklich und unzerbrochen angelangt. Meine Kleidungsstücke aus Lützow sind fast alle fertig, werden aber an Macherlohn wohl 10 Thlr. kosten, die ich nicht im Stande bin von meinem Gelde zu bezahlen. Bitte Du daher Vater, daß er mir dies extra schickt und erinnere ihn, daß ich immer noch mit einem Monat im Rückstand bin.

Allen von Euch wünsche ich Glück und Gesundheit und Dir, liebe Sophie, daß Du so bald als möglich der Erfüllung Deiner Hoffnung entgegensehen mögest. Lebet wohl. Ew. F. Reuter.

Wir sehen aus dem vorigen Briefe, daß der Himmel sich wieder verdüstert. Der alte, uns längst bekannte Stimmungswechsel stellt sich auch jetzt leider schneller wieder ein, als nach den ersten Eindrücken und nach all der freudigen Erregung, die das Glück, den heimathlichen Boden endlich wieder betreten zu haben, hervorgerufen hat, erwartet werden konnte. Mit einem Schlage verwandelt sich ihm das „Kind in den Huſ'" in einen unwirschen Hausfreund, alle „de männigen fründlichen Nahmiddag un tauvertruglichten Abend in desen gastfründlichen Huſ'" werden ihm plötzlich zu unausstehlicher Tyrannei und Sclaverei, der alte biedere „hartensgaude" Oberstlieutenant sinkt in seiner krankhaften Erregung fast noch unter den „Schinner" von Magdeburg herab, ja, sogar die endlich, endlich erwirkte Auslieferung, bei welcher „mi binah tau Sinn würd', as süll ick en pormal vörlöpig Hesterkopp scheiten", scheint ihm verfehlt und seine Lage unter „de mecklenborg'sche Regierung, de mi alles Mägliche tau Gauden dad", rechtloser und gesetzloser als unter der preußischen Tyrannei.

Der kurze Sonnenblick eines geträumten neuen Lebenstages weicht den Schatten schwerer Verstimmungen, die grollend heranziehen. In den folgenden Briefen ist der Schlüssel zu der Geheimschrift derselben gegeben.

Dömitz, den 20. Januar 1840.

Lieber Vater!

Wie schwer es mir wird Deinen letzten Brief zu beantworten, kannst Du Dir denken; ferne sei es von mir, mein Vergehen abzuleugnen, doch muß ich den wohlmeinenden Autor der Uebertreibung anklagen, die um so schlimmer ist, da er die Umstände durchaus nicht berücksichtigt zu haben scheint und auch nicht berücksichtigen kann, weil er nicht die Gabe hat, eine

Gemüthsstimmung zu erkennen und zu würdigen, deren er hoffentlich nie theilhaftig gewesen ist, noch jemals werden wird. Um jedoch dem Urtheile solcher Leute aus dem Wege zu gehen und mich ihrer Aufsicht zu entziehen, habe ich den Entschluß gefaßt, mein Zimmer durchaus nicht zu verlassen; sollte ich jedoch der Ueberzeugung werden, daß der Berichterstatter hier in meiner Behausung sich aufhielte, so werde ich mein Zimmer abschließen und außer meinem Aufwärter keinen hineinlassen. Meine Gesundheit mag vielleicht etwas darunter leiden, leidet aber sicher nicht so viel, als durch Aerger, den ich an keinen Andern als an mich selbst auslassen kann.

Du verlangst meine Schulden zu wissen und erbietest Dich großmüthig, sie zu bezahlen, ich muß sie Dir also melden. An Kaufmann St. 30 Thlr., an die Wittwe H. 29 Thlr. und an den Apotheker 3 Thlr.; vom Schneider habe ich Dir schon geschrieben.

Ich wollte ich könnte Dir noch etwas Gutes nach so vielem Uebeln schreiben, das steht jedoch nicht in meiner Macht, im Gegentheil muß ich Dir die abermalige Vernichtung meiner Hoffnungen melden, indem die Großherzogl. Regierung meine Bitte um Verwendung beim König von Preußen rund abgeschlagen hat, mir also die Aussicht eröffnet hat, noch eine unbestimmte Zeit, vielleicht noch drei Jahre im Gefängniß zuzubringen.

Deine beiden Eingaben habe ich mit der Aufmerksamkeit gelesen, die mir meine Stimmung gelassen hat; ich werde sie jedoch in ruhigeren Momenten nochmal vornehmen und, wenn Du es erlaubst, mit einigen Bemerkungen begleiten.

Ich fühle selbst, daß mein Brief herbe und trocken ist, und sehr wenig zu Deinem gütigen Schreiben paßt, doch muß ich Deinen ausdrücklichen Befehl zur Entschuldigung anführen, der auf schnelle Beantwortung lautet, sonst würde ich noch gewartet haben.

Nochmals bitte ich um Verzeihung und wünsche, daß Deine Beziehungen zu anderen Leuten glücklicher sein mögen, als zu Deinem Sohn F. Reuter.

Dömitz, den 16. Februar 1840.

Lieber Vater!

Deine beiden Briefe habe ich erst vorgestern erhalten, weshalb Du erst jetzt Nachricht erhältst. Gewiß erkenne ich Deine Güte sehr an und werde stets danach trachten dankbar dafür zu sein; aber Deine darin als sicher ausgesprochenen Sätze kann ich für mein Theil nicht als richtig annehmen, wie Du wohl selbst bei näherer Prüfung sehen wirst. Du glaubst meine Lage in Dömitz sei eine viel bessere als meine frühere; in den Nebenpunkten gebe ich es zu, aber in den Hauptpunkten nicht. Eine so willkürliche Behandlung der Gefangenen, wie sich der O.-L. v. B. bedient, hätte nie ein preußischer Commandant sich erlaubt, solchen Grobheiten und gehässigen Nachreden wäre ich nicht ausgesetzt und hätte, wenn es doch der Fall gewesen wäre, Ersatz in der Unterhaltung mit Freunden gehabt, die mir hier durchaus fehlen; ich hätte in Preußen eine Behörde gehabt, an die ich mich hätte verwenden können, hier bin ich gesetz- und rechtlos; will ich mich nach Preußen verwenden, so sagt der Commandant: Das kann ich nicht erlauben, verwende ich mich an unsere Regierung, so antwortet mir dieselbe: Wir können nichts in der Sache thun. Beiläufig gesagt habe ich die letzte Bitte um Verwendung nur auf Zureden des Hofraths T. und des Gerichtsraths und wenn ich nicht sehr irre auf Deinen eigenen Rath, den Du mir im November zukommen ließest, gethan. Kurz alle Annehmlichkeiten, die ich hier gehabt habe, habe ich mir sauer durch Aufopferung meiner Zeit, meiner Neigungen, durch Einschmiegen in die Launen und Denkweise eines höchst launenhaften Hauses und durch meine kleinen Talente verdienen müssen, was für mich höchst abspannend und langweilig gewesen ist, und deshalb mag ich meine jetzige Lage, wo ich durchaus für mich lebe, durchaus nicht mit der früheren vertauschen. August ist hier gewesen, hat mir das alte Joch wieder aufdringen wollen, ist gegen meinen Rath zum O.-L. gegangen, hat wahrscheinlich daselbst einen Brief von Dir abgegeben, für dessen wohlgemeinte Absicht ich danke, hat aber den großen Fehler gegen mich begangen in allen Dingen heimlich und unaufrichtig zu handeln, hat dadurch mir mehr geschadet als genützt, indem der O.-L. dadurch auf den Gedanken gerathen ist, er habe vollkommen Recht und die Reihe Abbitte zu thun sei an mir, wird dies auch wohl so viel wie möglich in der Stadt zu verbreiten suchen; aber in der Erwartung täuscht er sich doch wohl! Eben so heimlich, wie August's Aufträge ausgeführt worden sind, eben so heimlich ist die Bezahlung meiner Schulden eingerichtet, so daß ich in den unangenehmen Fall gekommen bin, bei einem Manne mich wegen der unbezahlten Schuld zu entschuldigen, der sein Geld schon längst erhalten hatte. August hätte besser gethan, wenn er gesagt hätte, Fritz, ich bin hier, um Deine Schulden zu bezahlen. Wie Du die Einrichtung mit dem Gelde treffen willst, muß ich Dir überlassen, wie ich aber dann eine unvorhergesehene Ausgabe, wie Briefporto, eine abgebrochene Pfeifenspitze, ein zerbrochenes Glas und dergleichen bezahlen soll, weiß ich nicht, und fühle das Unangenehme dieser Lage jetzt zumal gar sehr, da ich weder für Januar noch Februar Geld erhalten habe und also nichts habe. Tante hat mir sagen lassen, von dem Gelde sei noch 2 Thlr. p. C. Rest, sie wolle mir dieselben schicken, hat aber dabei geschrieben, wenn sie dieselben auch späterhin ersetzen müßte, weshalb ich das Anerbieten nicht annehmen konnte.

Obgleich ich nicht ausgehe, befinde ich mich doch sehr wohl, körperlich wie geistig. Von des Morgens bis des Abends acht Uhr bin ich beschäftigt, freilich nicht mit der Jurisprudenz, aber doch mit geistigen Gegenständen, die mich von meiner Lage abziehen und mir manchen Aerger ersparen, den ich draußen haben würde. In drei Tagen habe ich die Untermalung eines Portraits von fast Lebensgröße vollendet, welches durchaus ähnlich ist, und in Hinsicht der Arbeit mit allen früheren keinen Vergleich zuläßt. Mir fehlen nur einige Farben und Oel, sowie Leinwand und Geld für den Tischler zur Verfertigung von Blendrahmen, sonst könnte ich mehr liefern. Dies ist nur so ein lumpiges Nest, sonst könnte ich mir Geld damit verdienen.

Eben erhalte ich Abhaltung, sonst würde ich oberflächlich die beiden Arbeiten von Dir berühren; daher werden meine Anmerkungen das nächste Mal erfolgen. Lebe wohl und vergiß nicht Deines Sohnes F. Reuter.

Grüße Lisette und Sophie und gratulire derselben in meinem Namen, indem ich für ihren Brief vielmals dankte.

Dömitz, den 4. März 1840.

Mein lieber Vater!

Wenn meine Briefe nicht so freundlich sind, wie sie es als Antwort auf die Deinen sein müssen, so schiebe es nicht auf meine Undankbarkeit, laß meine Lage auch etwas gelten. Ich soll Deine Einrichtungen mit Resignation ertragen; ich dächte, in der Resignation hätte ich schon einige Uebung und könnte eine Einrichtung, die aus dem guten Willen, mir wohlzuthun, hervorgegangen ist, wohl lange nicht so viel Mißfallen in mir erregen, als solche, die dazu dienen mich zu kränken, mir mein jetziges und künftiges Leben zu verbittern, mir die Welt zuwider zu machen und mir meinen Kerker als das einzige Asyl ersehen zu lassen, wo ich auch einmal das noli me tangere aussprechen darf.

Ich breche ab von diesem Gegenstande, der sowohl für Dich, wie für mich niederschlagend sein muß. Du verlangst, ich soll Dir die Versicherung geben, nicht wieder in das Laster des Trunkes zu verfallen; mein lieber Vater, das Sprüchwort sagt: Mit guten Vorsätzen ist die Hölle gepflastert; und wenn Du diese verlangst, so würdest Du wohl stündlich bei mir auf solche treffen; aber die Ausführung ist sehr schwer. Du hast wohl keine Leidenschaft zu bekämpfen gehabt, oder doch keine so tief eingewurzelte? sonst würdest Du Dich gratuliren, daß ich schon so weit bin, keinen Branntwein zu trinken, zumal wenn Du mich früher gekannt hättest;*

* Das jetzt frei, fast schroff offen hervortretende Geständniß, das in den früheren Briefen nicht, oder doch nur schüchtern zum Vorschein kam, läßt den Bürgermeister Reuter aus seinen beständigen, gewiß oft hart und unbillig befundenen Vorwürfen

Du wirst mir einwenden, daß das Weintrinken kostbar sei und vielleicht ebenso schädlich, dies letztere ist nicht der Fall, wie ich gewiß weiß; kostbar ist es, zumal in Graudenz; aber sicher kannst Du darauf bauen, daß es bei mir abnehmen wird, da ich eigentlich gar nicht darauf ausgehe, mich zu berauschen, sondern da es mir ohne mein Willen und Wissen über den Hals kommt. Wer Dir sagt, daß — — — —, der lügt, der kennt mich nicht, der weiß nicht, daß ich ohne Ekel vor dem Weine ganze Monate hinbringen kann, ohne ihn zu kosten, und daher kommt es auch, daß Gott sei Dank meine Gesundheit noch gut ist, weil ich es nicht in einem fort getrieben habe und bedeutende Pausen dabei eingetreten sind.

Sei also der Hoffnung, daß ich mit der größten Anstrengung dahin trachten werde, zum gewünschten Ziele zu kommen und daß dann ein Rückfall nicht zu besorgen sein wird, weil die Cur radical und nicht durch plötzliches Entsagen ausgeführt ist. Was Dir in Bezug auf mich gutdünkt, das thue, es sei Gott davor, daß ich Dich hindern sollte in der Ausführung von Maßregeln, die Dir recht erscheinen; auch wird gewiß nie, diese mögen nun so strenge sein wie sie wollen, ein bitteres, der Undankbarkeit ähnliches Ge-

---

und Vorhaltungen gegen seinen Sohn Fritz gerechtfertigt hervorgehen, wenn auch nicht Jeder mit der Art und Weise seines Verhaltens einverstanden sein mag.

fühl in mir aufkommen oder gar von mir gehegt werden; ich bitte Dich aber sehr, keine Mittelspersonen zwischen Dir und mir zu stellen, die werden mehr schaden als Du glaubst. Wo auch ich Dir eine freudige Stunde machen kann, das theile mir mit, und so viel ich kann, will ich dazu beitragen, wie ich denn bei dieser Gelegenheit Dir die mangelhaften Anmerkungen, die ich aus dem Gedächtnisse gemacht habe, mitsende und Dir für Dein gütiges Anerbieten danke, mir einen der Malerei kundigen Mann zu senden; das würde mir nicht viel nützen; ich denke aber in einiger Zeit ein Gemälde zu fertigen, werde dies an Suhrland in Ludwigslust senden und denselben bitten, mir gemäß meinen Anlagen und etwaigen Kenntnissen ein oder das andere Originalbild zu senden, um es zu copiren. Die nöthigen Gegenstände zur Oelmalerei kann ich hier nicht bekommen, werde mich aber mit dem Vorrath behelfen, den ich noch habe. Um Deinem Rathe zu folgen, bin ich seit einigen Tagen wieder ausgegangen; habe aber bis jetzt Deinen Wunsch, meinen Aufwärter zu entlassen, nicht erfüllt, da dies sicher, wie so manches, ein Mißverständniß ist, da derselbe nicht von mir, sondern von Tante gemiethet ist und auch August, wenn er hier ist, zum Aufpassen dient. Sollte dies jedoch dennoch Dein Wunsch sein, so werde ich am 20. dieses Monats einen andern annehmen. Von Crull-Bützow habe ich noch gar keine Rechnung erhalten, kann Dir dieselbe also nicht mitschicken. Für Zeug brauchst Du nun in zwei Jahren nicht für mich zu sorgen.

Für die 2 Thlr. 32 ßl., die mir durch Tante übersendet sind, danke ich Dir, doch muß ich mir Aufklärung darüber verschaffen, ob ich davon mir auch Frühstück und Abendbrod halten soll? Wir drei, der Hofrath T., der Quartiermeister P. und ich, essen des Abends zusammen, und kommt dann Jedem das Abendbrod ca. 2 Thlr. zu stehen. Wenn ich auf dem Keller essen soll, so kostet die Portion 7 ßl., was doch theurer ist. Wie Du es nun einrichten willst, hängt von Dir ab.

Mir ist beigefallen, daß Du am Ende wohl die Güte hättest, den beifolgenden Brief an Sarre in Berlin zu besorgen und 3 Thlr. mitzusenden. Die Gegenstände kann ich hier nicht erlangen und sind nur zum Theil, wie das Weiß und Schwarz, unentbehrlich, auch werden sie nicht viel mehr kosten als 3 Thlr.; willst Du noch ein Uebriges thun, so kannst Du noch zwei Ellen präparirter Leinwand aufzeichnen, die 1 Thlr. kosten werden.

Grüße Alle, namentlich die Schwestern von Deinem

F. Reuter.

Dömitz, den 13. Mai 1840.

Mein lieber Vater!

Du erhältst hier einen traurigen Brief, der mir sehr schwer zu schreiben sein wird, dessen Ende aber, wie ich hoffe, Dich etwas trösten und beruhigen wird. Ich habe wiederum zu viel Wein getrunken und bin krank gewesen, doch durchaus nicht bedeutend und mehr von Erkältung herrührend. Du kannst jetzt mit mir nach Deinem Gefallen verfahren, ich werde nicht murren, wie ich auch nicht murre gegen das Verfahren des Obristlieutenant, das, wie die Welt sagt, auf Anstiften von Tante gegen mich vorgenommen ist; man hat mich hier öffentlich zum ...... gestempelt und eine darauf abzweckende Ordre erlassen. Du siehst, meine Strafe ist eine sehr harte, viel härter, als Du sie mir meines Wissens nach auferlegen kannst; zumal ich mir noch immer das Zeugniß geben kann und muß, daß ich ein ...... nicht bin. Es gehen Tage, Wochen, Monate hin, wo ich an keine Getränke denke, wo nie die Lust dazu in mir erwacht, und dann mit einem Male verfalle ich auf die unseligsten Dinge. Wie ich diesmal dazu gekommen bin, kann ich Dir nicht sagen; ich weiß es selbst nicht; mein Inneres ist in zu großer Verwirrung, als daß ich mir über einzelne Dinge Rechenschaft geben könnte, und daß ich dies thun muß, ist höchst nöthig, wenn ich überhaupt noch Hoffnung auf ein Dasein haben will.

Ich habe mir einen Plan entworfen, der vielleicht in Deinen Augen den Stempel der Uebertreibung haben wird, der mir aber der einzige richtige scheint; ich gehe nicht eher von meiner Stube, bis ich nach der streng=

sten Prüfung mir selbst sagen kann: nun bin ich sicher oder nun bin ich frei; den Anfang dazu habe ich gemacht, indem ich jeden Umgang, er mag Namen haben, welchen er will, abgebrochen habe und für mich leben werde. Fürchte nichts für meine Gesundheit, sie ist durchaus gut und Gott wird sie mir jetzt gewiß ebenso gut erhalten, als früher. Ich lebe sehr mäßig, trinke nichts als Wasser und esse wenig; des Abends ein Teller voll Suppe, und da wird es gut gehen; schicke mir aber keine sogenannten vernünftigen Leute auf mein Zimmer, sie werden nichts ausrichten, und rathe mich selbst nicht von meinem Entschlusse ab; ich werde Dir ungehorsam sein. Du wirst auf diese Weise nur durch mich selbst genügende Nachricht über mich einziehen können und die soll Dir, wenn Du es wünschest, alle acht Tage umständlich werden, zugleich mit dem Versprechen, daß ich, wenn ich fühle, daß mich die Sache zu sehr angreift, wieder ausgehen werde; mehr kann ich Dir nicht versprechen, denn mehr bin ich nicht willens zu thun. Behalte diesen Brief für Dich und gieb ihn außer Lisetten keinem zur Durchsicht; ich hoffe, er soll einst Dir ein Zeugniß sein, daß Du einen Sohn hast, der das, was er will, durchsetzen wird. Warum ich diesen Weg einschlage, kann ich Dir nicht hinlänglich auseinandersetzen, es ist genug, wenn ich Dir sage, wäre ich noch etwas länger auf meiner Stube geblieben, so wäre dies alles nicht vorgekommen.

Dein letzter, so sehr liebevoller Brief traf mich in trauriger Stimmung, und in demselben Augenblicke, wo ich heiße Thränen des Dankes weinte, daß die Vorsehung mir einen so guten, liebevollen Vater gegeben, hast Du vielleicht Thränen des Kummers über einen ungerathenen Sohn geweint. Aber tröste Dich, Vater, es kann noch besser mit mir werden, denn es ist schon viel besser geworden; früher hätte ich unter solchen Verhältnissen, in denen ich jetzt lebe, unbedingt unterlegen; jetzt aber nicht, und nur eine unendliche Traurigkeit hat sich meiner bemeistert, die durch die jetzt unwiederbringlich zerstörte Hoffnung, von der mein letzter Brief handelte, unendlich erhöht wird.

Meine Beschäftigungen kennst Du, und gewiß jeder, der mich kennt, wird mir das Zeugniß nicht versagen, daß ich Lust habe, etwas zu thun. Ich zeichne und male, treibe Geschichte und freue mich, soweit ich mich überhaupt jetzt freuen kann, auf die Ankunft der Annalen.*

Noch einmal, mein lieber Vater, vergieb mir und störe mich nicht in meinem Plan; er scheint überspannt, ist es aber nicht.

Für heute schweige ich, nach 8 Tagen ein Mehreres und zwar nicht über diesen Gegenstand. Lebe wohl und denke mit Güte an Deinen Sohn F. Reuter.

* Annalen der Mecklenb. Landwirthschafts-Gesellschaft.

Wer könnte den vorstehenden Brief lesen, ohne nicht von ihm tief ergriffen zu werden? Wie er da ringt, der schwer heimgesuchte, unglückliche Mann, wie er sich zu lösen sucht der in Schwachheit gebundene und doch so reich begnadete Mensch, sich zu lösen aus seiner Schwachheit und aufzurichten in seiner Begnadigung, wie er immer wieder den furchtbaren Kampf ohne Ende mit dem aller Anstrengung und Willenskraft spottenden Feinde kämpft; und wie er seinem erzürnten und verbitterten, bittenden und strafenden Vater das Bekenntniß all seines Fehls und all seiner Schwachheit in kindlicher Liebe zu Füßen legt! Beim Anblick solchen Ringens und Leidens hat alles Zischeln und Fingerzeigen und alles Richten zwischen Vater und Sohn zu schweigen; denn wer, der Gleiches nicht an sich erfahren, will hier Richter sein? —

Inzwischen geht es mit Hoffnung und Enttäuschung weiter auf und nieder.

Dömitz, den 25. Mai 1840.

Mein lieber Vater!

In der Hoffnung, daß Dir durch das beifolgende Gemälde eine heitere Minute gewährt wird, sende ich es Dir und bitte nicht zu zürnen, daß ich einen Goldrahmen darum habe machen lassen, und dadurch vielleicht eine unnöthige Ausgabe veranlaßt habe, doch habe ich dafür zwei triftige Gründe gehabt: 1) muß jedes Bild in Oel in einem Goldrahmen sein, da es sonst sich nicht ausnimmt und 2) kostet der Rahmen Dir nichts, da ich ihn dadurch erspart habe, daß ich kein Abendbrod in diesem Monat gegessen habe, außer

Milch, die ich aus meinem Taschengelde bestritten habe. Der Gegenstand ist Phantasie und die Draperie aus einem kleinen Stahlstich genommen. Lenthe hat mir Zeichnungen und Oelbilder als Muster zugeschickt in Begleitung eines freundlichen und aufmunternden Schreibens, und so besteht meine Beschäftigung denn in der Nachbildung jener Studien und in dem Studiren der Landwirthschaft, vorzugsweise der Annalen, die ich (11 Jahrgänge) richtig von San et Weber erhalten habe. Mit ganz außerordentlichem Vergnügen betreibe ich die letztere Arbeit, und suche aus diesen größtentheils blos practischen Bemerkungen und Winken nur das Wichtige herauszuklauben, zumal aus den ersten Bänden, worin ich denn zu meinem Erstaunen Dinge als Neuerungen finde, die jetzt schon längst unter die Antiquitäten gerechnet werden müssen.

Meine Lebensweise ist sehr mäßig und eintönig, was ich den einen Tag thue, thue ich den andern auch und befinde mich körperlich recht wohl dabei.

Eine Hoffnung, die ich jetzt schon seit Jahren gehegt habe, steht jetzt vor der Thür, nämlich das 100-jährige Jubiläum des Regierungs-Antritts Friedrichs des Großen, es ist am 31. Mai, und ist Einigen von uns von Bekannten, die Nachricht davon haben wollten, als der Tag bezeichnet worden, an welchem der König von Pr. eine allgemeine Amnestie ergehen lassen würde; Vorläufer dieser ersehnten Begnadigung sind schon in den Zeitungen erschienen, ob sie aber officielle Nachrichten oder nur Wünsche von betheiligten Personen sind, ist nicht recht zu erkennen; ich fürchte jedoch das Letztere. Mich übrigens hat so eine Nachricht, die Du auch vielleicht im Hamburger Corr. gefunden haben wirst, schon getäuscht, indem ich von einem der hiesigen Lieutenants, der sonst mit mir in keiner Verbindung steht, eine Zuschrift erhielt, worin mir meine Begnadigung mitgetheilt wurde und in mir die lebhafteste Freude erregte, hernach aber darauf hinauslief, daß der Mann den Artikel der Zeitung gänzlich mißverstanden hatte. Das sind nun solche Augenblicke, denen man als Gefangener mehr ausgesetzt ist, als jeder Andere, und die jedesmal eine häßliche Spur zurücklassen. Wenn Kamptz Dir noch nicht geantwortet hat, so will ich meiner Hoffnungsliebe so viel Federkraft zutrauen, obgleich sie, wie gesagt, erst kürzlich eine so bedenkliche Niederlage erlitten hat, daß sie es als ein günstiges Resultat annehmen wird, da er vielleicht erst abwartet, was der Tag bringt und dies ein Zeichen sein würde, daß unsere Ansicht auch in den höheren Ständen Eingang gefunden hätte.

Wir haben hier viel Regen, daß die Leute nachgerade ebenso über Nässe zu klagen anfangen, als früher über Dürre, und will ich nur wünschen, daß Deine Früchte und namentlich die Diesteln noch zeitig genug profitirt haben und jetzt nicht zuviel davon bekommen.

Ich wünsche, daß es Dir wohl gehe und daß mich das Geschick bald zum Theilnehmer Deiner Freuden und Sorgen mache, damit ich Dir zeigen kann, wie sehr es mir mit der Feststellung eines künftigen Berufs Ernst ist und wie sehr Dich liebt Dein Sohn

F. Reuter.

Dömitz, den 4. Juni 1840.

Lieber Vater!

Ich eile, Dir Deinen letzten, so sehr gütigen Brief zu beantworten und beginne mit der Nachricht, die Dir wohl die erwünschteste ist, nämlich daß ich meinen Vorsatz, bis dato durchaus ohne Unterbrechung mit Ausnahme des unten erzählten Falles ausgeführt habe, daß ich mich wohl dabei befinde und auf die Art, wie es überhaupt sein kann, heiter. Das einzige Mal, daß hier Wein auf meine Stube gekommen ist, ist folgender: Ein früherer Bekannter aus Parchim reiste nach Hamburg und hatte einen Portrait-Maler zur Gesellschaft, der sich über ein halbes Jahr in Parchim aufgehalten hatte. Auf meine Bitte blieb der Maler einen Tag hier und zeigte mir mehreres, was ich nicht kannte, und dieserhalb nöthigte ich ihn hier bei mir zu Mittag und ließ Wein holen, von dem ich jedoch nur höflichkeitsweise mittrank. Dies, denke ich, wirst Du nicht tadeln, da mir der Unterricht weiter nichts gekostet hat.

Den Brief an den Commandanten habe ich hier, natürlich unerbrochen, und denke ihn Dir ebenso wieder abzuliefern, was, wie ich hoffe, nicht mehr lange dauern wird. Freilich ist aus K. Brief nicht viel zu entnehmen, aber er weiß auch wohl nichts und will sich wohl nur freundschaftlich zeigen, ohne daß es ihm etwas kostet; wenn die Sache so ist, wie er schreibt, daß wohl keiner der beiden respectiven Landesväter dem anderen vorgreifen will, dann gnade mir Gott, dann lassen sie mich aus purer Höflichkeit gegen einander in alle Ewigkeit sitzen; doch das hat nichts zu sagen und zeigt mir nur, daß alle Deine gutgemeinten Briefe an K. vergeblich gewesen sind, da er das Verhältniß, in dem ich mich befinde, gar nicht einmal kennt. Laut der Zeitungen hat der Kronprinz jetzt die Cabinetsgeschäfte zu verwalten und also auch die Begnadigungen zu ertheilen; davon läßt sich etwas hoffen, ob aber vor dem Tode des Königs etwas geschieht, ist nicht wahrscheinlich, und daß am 31. vorigen Monats etwas geschehen ist, glaube ich auch nicht, da man sich bei der eingetretenen Krankheit des Königs die Begnadigung für die neue Thronbesteigung aufgespart hat; sollte also der König sterben, so hoffe ich ganz sicher, und obgleich er meinethalben noch lange regieren könnte, wenn ich frei wäre, so ist mir diese Hoffnung doch nicht zu verdenken.

Mein Leben fließt sehr einförmig hin, obgleich nicht unbeschäftigt, und habe ich mich jetzt vorzüglich mit den Annalen abgegeben; freilich kommt vieles darin vor, was ich schon weiß, oder was durch neuere Erfahrungen verdrängt ist, doch sind einzelne Aufsätze mir äußerst interessant und vorzüglich die vom Dr. Gerke und dem p. Vollbrügge zu Niendorf, der erstere als Agronom, der zweite im Fache der politischen Oeconomie. Dr. Gerke's erinnere ich mich noch, weil Du mich einmal in Parchim zu ihm mitgenommen hast. In den spätern Jahrgängen (ich bin erst beim 5., da ich ab ovo angefangen habe) mögen wohl die Aufsätze von Spalding drin sein, bis jetzt habe ich noch keine mit dem angeführten Zeichen gefunden. Manches schiefe und unrichtige, auch excentrische, vorzüglich bei Gerke, kommt vor; aber es ist doch hübsch und man macht so seine Glossen für sich. Vorzüglich hat mich die Mergelfrage angesprochen und glaube ich, daß Gerke recht hat, wenn er ihm das Wort redet, nicht aber darin, daß er dem Mergel absolut düngende Kraft beimißt, indem er den schwarzen Staub, der sich in den Mergeltheilen findet, für das Residuum der verwesten Conchylien hält. Die Aufsätze über Stallfütterung sind mir ebenfalls sehr interessant gewesen und bin ich der Meinung, daß es wohl noch jetzt immer die Aufgabe für jeden Landmann ist, dieselbe einzurichten, falls er nur Leute genug hat. Kannst Du mir die Frage beantworten, ob schon in Mecklenburg auf großen Gütern diese Einrichtung getroffen ist, und ob sie namentlich von Pächtern getroffen ist, d. h. von solchen, die auf Milchvieh und feine Schafe halten und die Holländerei selbst treiben, denn für den Fall, wo Mastvieh auf den Stall gehalten wurde, ist mir Scharpzow bekannt. Die zweite Frage ist die: Wird dem Kammerpächter, wenn er Stallfütterung einführt, erlaubt in einer 7schlägigen Wirthschaft 4 Kornsaaten zu nehmen oder in der Brache Wurzelgewächse zu bauen und 3 Saaten zu bestellen, oder muß er schlechterdings mit 3 Saaten und reiner Brache wirthschaften? Du siehst aus meinen Fragen zwar nicht, ob ich was von der Sache verstehe, aber doch daß ich Vergnügen daran finde und gewiß auch ferner finden werde.

Daß Dir das Bild gefallen hat, ist mir lieb, es ist aber sehr schlecht gerathen und gewiß von Dir überschätzt.

Nimm es nicht für ungut, daß ich verkehrt auf dem Bogen geschrieben habe, es war schon zu spät, als ich es bemerkte.

Grüße Alle von mir und denke, daß Du bald bei Dir siehst Deinen Sohn F. Reuter.

Noch einmal — endlich aber zum letzten Male wird die Hoffnung auf „Freiheit“ enttäuscht, so daß auf ein Haar die Wohlthat der Auslieferung aus preußischer in mecklenburgische Festungshaft sich als ein Unglück erwiesen hätte; denn: — „Friedrich Wilhelm III. sturv, un wat sin Sähn was, Friedrich Wilhelm IV.

let 'ne Amnestie för all de Demagogen utgahn, un in de Zeitungen stunn tau lesen, wo sei allentwegen fri kamen wiren; äwer mi hadden sei vergeten; ik müßt ruhig sitten; de Preußen dachten nich an mi, un de Meckelnbörger dürwten mi nich gahn laten."

Dömitz, den 14. Juni 1840.

Mein lieber Vater!

Der König von P. ist also dahingegangen und die Hoffnung grünt für uns so kräftig wie nie in den 7 Jahren und ich will und muß glauben, daß sie diesmal Früchte bringt. Dies ist jetzt der Punkt, um den sich meine Gedanken drehen und die mich zum wenigsten vom Zeichnen abhalten, indem ich jetzt fast nur mich mit der Landwirthschaft beschäftige, um wenigstens soviel Theorie als möglich in mich hineinzustopfen, die Du dann hernach so gütig sein wirst durch die Praxis zu sichten und zu ordnen. Ich mache alle Augenblicke Pläne zur Reise und bringe meine sieben Sachen in Ordnung, damit es gleich fortgehen kann, so wie die Nachricht kommt, die sicherlich früher hier ist als bei Dir; darum denke ich auch ist es kein Beweis des Sanguinismus, sondern der Vorsicht, wenn ich Dir jetzt schon meinen Reiseplan und die darauf bezweckenden Anstalten mittheile. Ich denke nach so langem Sitzen mir die Füße etwas zu vertreten und auf diese Weise bei Dir anzulangen; daß dies bequemer geht, ist natürlich, da ich wohl nur kurze Touren machen kann, den 1. Tag bis Grabow, den 2. bis Parchim, den 3. Ruhetag in Parchim, den 4. bis Carow, den 5. in Jabel, den 6. zu Hause.

Meinen Koffer mit den nothwendigsten Sachen gebe ich auf die Post und die übrigen Geschichten kann Koehn bei Gelegenheit mitnehmen. Die Gnadenacte pflegen gewöhnlich bald nach der Thronbesteigung zu folgen, und so will ich denn auch, um nicht unverschämt gegen das Glück zu sein, meine Befreiung noch 4 Wochen aufschieben, dann bin ich zu Deinem Geburtstag zu Hause. Der schlimmste Fall wäre meiner Meinung nach immer der, daß die Begnadigung bis zum Krönungsfeste aufgeschoben würde, was dann freilich wohl noch ein langes halbes Jahr dauern würde.

Von mir selbst und von meinen Umgebungen und übrigen Verhältnissen kann ich Dir nichts neues melden, es ist alles beim Alten, ich bin gesund und denke an die Zukunft und an Dich und die Deinen, an die Landwirthschaft und an die Viehzucht, und mit vollstem Interesse, als wäre ich von Jugend auf dazu bestimmt gewesen. Der alte Inspector Danzien muß mir des Abends vorläufig von den Pflichten eines Kaffschreibers vorreden und sucht sich dann bei dieser Gelegenheit eine Lorbeerkrone von seinen Thaten zu flechten, die ihm aber nicht gelingen will, da immer viel Unkraut eingeflochten wird, was wohl daher kommen mag, weil er stets, nach Deiner Aussage, ein großer Beschützer desselben gewesen ist. Ich habe mir so mehrere Ansichten selbst gebildet, die ich sonst noch nicht angeführt gefunden habe, die jedoch zu weitläufig sind, brieflich verhandelt zu werden und deren Realisirung mir zwar jetzt höchst möglich und zweckmäßig erscheinen, die jedoch erst durch die Praxis constatirt werden müssen und deshalb aufgeschoben werden müssen.

Wie steht's mit der alten Bauhoffs-Parzelle; sie wird Dir wohl zu theuer werden. Ich muß aufrichtig gestehen, daß ich aus dem ganzen Plan, den Du dabei hast, noch nicht im Klaren bin, und spare mir das Verständniß desselben bis zu einer mündlichen Besprechung auf.

Die Zeit kriecht jetzt unerträglich in meinen Augen und sollte billig etwas Vorspann nehmen. Für heute schließe ich und denke Dir nächstens mehr und hoffnungsreicher zu schreiben.

Grüße Lisetten und Sophie und denke daran, mich bald freundlich an- und aufzunehmen. Lebe wohl. Dein Sohn F. Reuter.

Dömitz, den 24. Juni 1840.

Lieber Vater!

Entschuldige, daß ich auf diesem Papier an Dich schreibe, ich habe keinen zu schicken und mein Vorrath von Briefpapier ist dahin. Hier hat sich nichts verändert, es ist dieselbe langweilige Leyer alle Tage und dasselbe eintönige und mißtönige Lied, zuweilen vermischt mit einigen Capricios des alten Obrist-Lieutenants und noch öfter durch Dissonanzen meiner quasi Collegen, die sich abwechselnd schimpfen, verklagen, sich wieder vertragen u. s. w.; mich rührt dies alles nicht, ich sitze für mich und weise alle diese Angelegenheiten und Personen von mir.

Der alte König hat allen seinen Beleidigern vergeben; ob wir auch wohl unter diese rechnen, oder ob hier zu unserem Schaden ein Unterschied zwischen König und Staat gemacht wird, den doch sonst jene starren Anhänger des stabilen Princips nicht gelten lassen? Das wäre schön, wenn sie bei dieser Gelegenheit ihr berüchtigtes Motto (l'état c'est moi) fallen ließen, blos um das Vergnügen zu haben, einige 40 junger Leute noch länger zu quälen und einem Hirngespinst von Recht so viel Lebensglück zu opfern. Die Zeit wird mir sehr lang, bis sich die Sache entschieden hat, das muß ich gestehen, und die Tage, die ich jüngst durchlebt habe, gehören zu der Rubrik der angreifendsten und abspannendsten der langen Zeit meiner Haft; Hoffnung und Furcht, Vertrauen und Mißtrauen folgen so schnell auf einander als der Regen und Sonnenschein in diesem Monat, und wenn auch die letzteren auf mich keinen Einfluß haben, da ich recht buchstäblich im Trocknen sitze, so hat doch der Sonnenschein der Hoffnung und die Gewitterwolken der Furcht auf mich mehr Einfluß, als ich ihnen nach so langer Gewöhnung billig zutrauen sollte. Aber mit der Gewöhnung an getäuschte Hoffnung geht's wie mit der Gewöhnung an Gift, bis zu einem gewissen Punkte geht's, nachher reißt die Organisation und der Riß ist unheilbar.

Ich treibe die Landwirthschaft, suche aber bis jetzt immer vergebens die Chiffre, auf welche Du mich aufmerksam gemacht hast, finde aber mehrere Aufsätze, die aus G. datirt und mit C. S. unterzeichnet sind, und aus einigen derselben geht hervor, daß der Verfasser ein Städter ist, der schon im Jahre 1818 die Stallfütterung des Rindviehs (30—40 Stück) executirt hat. Seine Aufsätze sind reich an Gedanken und werden von andern als höchst verdienstlich anerkannt, und in einem Aufsatze finde ich den Namen Spalding völlig ausgeschrieben, aber in Verbindung mit dem Namen des Bürgermeisters Reuter, der also auch ebenso gut wie jener auf die Ehre als ausgezeichneter Landwirth oder besser Städtischer Wirth Anspruch machen kann. Ich will wünschen, daß so viel Verdienst auch in diesem Jahre vom Himmel gesegnet sein möge und daß Deine Distelernte reichlicher ausfallen möge, als Du bisher fürchtetest. Das Korn soll hier gut stehen und Gras in Hülle und Fülle.

Ich bin gesund und wohl und gebe die Hoffnung

nicht auf, Dir bald mündlich mehr zu sagen. Grüße Lisette und sage ihr, sie möge den Kasten, worin das Bild gepackt war, mir wieder zuschicken, d. h. wenn es eine wenig kostspielige Gelegenheit giebt. Lebe wohl und denke freundlich Deines Sohnes

F. Reuter.

Dömitz, den 6. Juli 1840.

Mein lieber Vater!

Frohen Muthes schreibe ich an Dich und beantworte Deinen letzten mit Hoffnung erfüllten Brief, und wie kann ich dies besser, als wenn ich dieselbe theile und Deine anderen Anordnungen und Vorschläge theils schon befolgt habe, theils zu befolgen verspreche. Deinem Wunsche gemäß habe ich mit dem Hofrath T. gesprochen und ihm gesagt, daß ich bereit sei, mit ihm wieder Umgang zu pflegen und daß ich überzeugt sei, daß seine letzten Berichte über mich bei Dir nicht übler Art gewesen seien. Dies habe ich ihm jedoch nie zum Vorwurf gemacht, obgleich ich mich sehr gekränkt gefühlt habe, daß Du fortwährend über mich eine geheime Polizei ausübst; wer Deine Berichterstatter sind, weiß ich längst. Die Sache ist so, Tante spionirt herum, indem sie meinen Aufpasser aushorcht (daher die Furcht vor einem anderen Aufwärter), mit ihrer Beute geht sie zum Hrn. Bürgermeister und dieser meldet es Dir als

Berichterstatter, Du kannst dann freilich immer der Wahrheit gemäß schreiben, daß Tante Dir nichts über mich melde. Es wäre jedoch für die Liebe, die ich zu Tante gefühlt habe, besser gewesen, wenn ich mit dem Hofrath nie zusammen gekommen wäre, denn der hat mir doch im Laufe des Gesprächs und seiner Vertheidigung einige Fingerzeige gegeben, die mir zu deutlich zeigen, daß ich alles dieses, was mich in der letzten Zeit getroffen hat, ihrem Talente in der Klatscherei zu verdanken habe; sie hat mich beim Obrist-Lieutenant oder vielmehr den Frauen in einem höchst liebenswerthen Lichte geschildert, hat selbst die Aeußerung gemacht, da sie heimlich des Abends hier hinaufgekommen ist: „Ach wenn mich mein Vetter nur nicht sieht, er schlägt mich todt, wenn er es erfährt!" und in diesem Tone weiter. Du wirst mir mit Recht sagen, was ich mich um solche Klatschereien bekümmere, das ist gewiß, aber in einem Hause, wie das v. Bülow'sche ist dies von der höchsten Wichtigkeit; da heißt es denn, die Frau Rectorin hat uns wieder Bier geschickt, die arme Frau, sie hat gar zu vielen Kummer, ihr Vetter ist ein recht schlechter Mensch u. s. w.; dies hat dann allerlei Einflüsse auf mich und mein Schicksal und auch wohl hauptsächlich auf die Censuren, die ich hier vom Obrist-Lieutenant erhalte. Ich gehe jetzt wieder aus und bin auch bei Tante gewesen, habe bei ihr gesessen und ihr zugehört; daß ich mich aber nicht recht heimisch bei ihr fühle, kannst Du mir wohl verzeihen, doch werde ich gegen sie die Höflichkeit nicht verletzen und diese Gegenstände nicht zur Sprache bringen, zumal sie in der nächsten Zeit (14 Tage) nach Stavenhagen und Jabel zu reisen gedenkt und sie mir doch durch manche hingeworfene Bemerkung schaden könnte. Wohl hat es mir indessen gethan, daß mir die Achtung unter den besseren und angeseheneren Leuten, mit denen ich kürzlich in Berührung gekommen bin, nicht fehlt, wie sich dies beim Pastor Struensee, v. Breitenstein, Dr. Uelzen und mehreren Andern deutlich gezeigt hat. Ich würde bei allem diesen mich nicht aufgehalten haben, wenn nicht zwei Personen da wären, von denen Du eine bist, die ich gern beruhigen und durch klare Ansicht von meinem Innern zu der Ueberzeugung bringen möchte, daß durch Zuträgerei die Sachen entstellt und verwirrt werden müssen; bei Dir hoffe ich meinen Zweck, wo nicht jetzt, doch wenigstens bald zu erreichen, die zweite Person muß ich im Dunkeln lassen und das thut mir unendlich weh! Ich denke heute wieder zu Tante zu gehen und dann zu Senator Bruchhans, der mich früher besucht hat, jetzt aber krank ist, oder wie Klatschschwestern sagen, nicht ausgehen mag, weil er accordirt mit seinen Gläubigern.

Uebermorgen kommt hier der vormalige Amtmann M. aus Neubuckow an und wird mein Zimmernachbar. Von dem werde ich mehr lernen können, als von Denzien.

Der Regen ist hier unaufhörlich, und alles jammert, der alte Obrist-Lieutenant schimpft und flucht den ganzen Tag über sein Heu, und hat alles schlecht eingebracht.

Grüße Lisette und Sophie und gedenke Deines

F. Reuter.

P. S. Der Herr Krüger auf dem Rathhause hat mich gebeten, bei Dir eine Tonne Bier zu bestellen. Er wünscht dasselbe so bald wie möglich durch Schiffer von Waaren aus zu beziehen und wie ich ihm gesagt habe zum Preis von 5 Thlr., doch wird er die Fracht extra bezahlen. Antworte mir gütigst darauf bald. Früher habe ich schon geschrieben, daß der Kaufmann Werte und die Wittwe Harder ebenfalls 1 Tonne zu haben wünschten, habe darauf aber keine Antwort erhalten.

Dömitz, den 24. Juli 1840.

Mein lieber Vater!

Vor einem Jahre sandte ich Dir ein kleines heiteres Gedicht, von dem Du behauptetest Freude gehabt zu haben, ich könnte Dir leicht ein ähnliches senden oder eine Zeichnung, meine Stimmung ist jedoch so trübe, daß ich nicht daran denken kann; ja ich bin sogar durch den zwischen uns geschlossenen Vertrag gebunden, Dir über mich traurige Nachricht zu geben. Mit welchem traurigen Herzen ich dies thue, da ist Gott mein Zeuge, zu dem ich gestern unter Thränen gebetet habe, ob es nicht besser sei Dich in Unkenntniß der Sache und somit ruhig bleiben zu lassen; ich glaube aber mein und Dein Herz besser zu verstehen, wenn ich Dir die Wahrheit schreibe.

Ich habe wieder gefehlt; jedoch nicht in dem Maße, wie früher, zwar bin ich unwohl darnach geworden, doch nicht bedeutend und bin ganz wiederhergestellt. Wieder muß ich Deine Nachsicht in Anspruch nehmen, muß wieder Dich bitten auf meine Entschuldigung Rücksicht zu nehmen, muß wieder Dich beschwören, die Schuld und die Ursachen derselben abzuwägen, und Du wirst mir zugestehen müssen, daß ich mehr Dein Bedauern als Deine Verdammung verdiene. Wäre es das erstemal, daß ich in einer so fürchterlichen Lage zu diesem Betäubungsmittel gegriffen hätte, so wollte ich nichts dazu sagen, aber seit 7 Jahren gewohnt stets dazu zu greifen, geht dies mir unbewußt vor sich, ich denke gar nicht daran, habe keinen Freund, der mich warnt, habe nicht einmal einen Bekannten, durch dessen Unterhaltung ich davon könnte abgezogen werden, malen mag ich nicht, die Gedanken überwältigen mich dabei; das einzige, was mir noch übrig bleibt, ist die Landwirthschaftslehre; aber wenn ich einige Seiten gelesen habe, so schweifen die Gedanken ab und ich habe nichts weiter zu thun, als das Buch zu schließen und über mein unseliges Geschick zu grübeln. Alle Hoffnungen, die ich seit einiger Zeit in mir wieder aufkeimen ließ, sind zerstört, die Freiheit hat mir wieder den Rücken zugekehrt, meine Liebe ist dahin und mit ihr alle schönen Pläne und Träume, die ich mir von der Zukunft bauete.

Nimm diesen Brief, ich flehe Dich darum, gütig auf und härme Dich nicht darum. Gott ist mein Zeuge, daß ich die Hoffnung nicht fahren lasse, daß es besser werden wird, d. h. daß ich das Trinken lassen werde.

Gott gebe Dir Gesundheit und mir das Glück, Dich bald und noch lange zu sehen, wo Du Dich dann überzeugen wirst, daß ich nicht so tief gesunken bin, als der Schein es lehrt. Daß dieser Brief einen Tag nach Deinem Geburtstag eintreffen muß, ist mein größter Schmerz, er ist ein sehr schlechtes Geschenk; aber die Ueberzeugung, daß ich den Willen habe, Dir nichts zu verhehlen, ist gewiß ein sehr gutes. Darum lebe wohl und verzeihe Deinem Sohn F. Reuter.

Welch tief erschütternden Einblick läßt dieser Brief in die gequälte Seele des unglücklichen Mannes thun, in das zerknirschte Gemüth mit seinem offenen, so einfach-herzbewegenden Geständnisse aller seiner Schuld, mit seiner Hoffnungslosigkeit und Hoffnungssehnsucht, mit seinem ganzen ohnmächtigen Ringen gegen die ihn niederzwingende Gewalt! Wer hielte hier nicht in Wehmuth stille, um sich in die Tiefe einer Menschenseele zu versenken, welche ein unerforschliches Walten zugleich begnadet und gegeißelt, auserwählt und zerschlagen hat!

Auch auf Eines noch möge man in diesem letzten Briefe Acht geben, darauf nämlich, daß da zum ersten Male ein rückhaltlos volles, alle Vorwürfe und Maßregeln des Vaters rechtfertigendes Geständniß abgelegt wird: „seit sieben Jahren gewohnt stets dazu zu greifen“, während bis dahin jedes Geständniß mehr oder minder zurückgewiesen oder doch nur sehr verschleiert und umschrieben abgelegt wurde.

Dömitz, den 1. August 1840.

Mein lieber Vater!

Gewiß hast Du Recht, wenn Du mir über den Inhalt des letzten Briefes zürnst; ich bitte Dich jedoch, Dir keine zu böse Vorstellung von meinem Vergehen zu machen, da dessen Folgen unbedeutend gewesen sind und ich so gesund bin, wie ich, dies ist auf mein Ehrenwort wahr, mich in der ganzen Zeit meiner Haft nicht gefühlt habe. Vieles hat hierzu gewiß ein Artikel des Hamburger Correspondenten beigetragen, worin es hieß, daß der König die Amnestie schon beschlossen, aus Pietät gegen seinen Vater deren Publication aber bis zur Huldigung aufgeschoben habe; die Huldigung ist aber in Königsberg am 10. September und in Berlin am 15. October, wenn wir nun auch den entfernteren Zeitpunkt annehmen und den Kanzleien und Gerichten ½ Monat zur Ausfertigung bewilligen, so würde in 3 Monaten doch endlich die Lösung dieser Frage eintreten und mir hoffentlich der Weg in die Heimath gebahnt werden. Meinen anderen Hoffnungen und Wünschen muß ich lebe wohl sagen, es wird mir unendlich schwer, doch hoffe ich, wenn ich nur erst zu Hause bin, auch dies zu überstehen, hier ist es nicht möglich. Ich habe derweile Gedichte gemacht (versteht sich bei einem Glase Wasser) und das hat mir viel Ruhe verschafft; ich bin auch erbötig, Dir eins mitzutheilen, wenn Du Vergnügen daran finden solltest; ich halte es für besser, als das vorjährige. Meine gewöhnliche Beschäftigung ist die Landwirthschaft und soll's, wenn Gott will, auch bleiben mein Lebelang; ich mache mir keine poetische Vorstellung von meiner Zukunft, sondern eine vernünftige, und denke mit Goethe: Tages Arbeit, Abends Gäste, Saure Wochen, frohe Feste, sei mein künftig Zauberwort.

Der Amtmann Michelsen hat mir mehrere seiner Bücher geliehen, unter anderen eins: Die Lehre vom Dünger von Sprengel, was freilich schwer zu verstehen ist wegen der vielen chemischen Ausdrücke und Analysen, die darin vorkommen, aber gewiß auf den richtigen Grundsätzen basirt ist, und was ich, wie ich glaube, besser verstehe als der alte Herr selbst, da er noch mit gar zu vielen alten in früheren Jahren geltenden Theorien zu kämpfen hat. Er giebt eine Zeitung heraus öconomischen Inhalts: die Bauernzeitung genannt, worauf ich, da sie nur ½ Thlr. aufs Jahr kostet, subscribirt habe und die ich Dir zu seiner Zeit mittheilen werde.

Ich lebe jetzt mit aller Welt in Frieden und gehe von 4 bis 7 zum Baden und ins Feld spazieren, zuweilen spiele ich auch die letzte Stunde eine Kasse Kegel ums Kassengeld. Etwas Unangenehmes ist mir neulich passirt: der Advocat Schumacher (Mitarbeiter am hiesigen Amte) ist gestorben und hat von mir kurze Zeit vor seinem Tode den Koppe und den Thaer geliehen, hat diese wieder verliehen, den Koppe an den Pächter Büring in Bekentin, wo aber der Thaer geblieben ist, weiß keiner, vielleicht komme ich gar darum und das wäre sehr schlimm.

In Hinsicht des Wetters bedaure ich Dich sehr und denke bei jedem Regenguß an Deine Karden, doch scheint es seit einiger Zeit, als ob eine Krise eintreten werde. Sei mir wieder gut, mein lieber Vater, und denke nicht gar zu schlimm von mir, bin ich frei, bin ich ein ganz anderer Kerl als jetzt. Grüße Lisetten und Sophie und denke freundlich an Deinen

Fritz Reuter.

Tante und Doris sind wohl! Der Bierkäufer hat keine Lust unter jenen Bedingungen.

Da auch die Auslieferung an die heimathliche Behörde die erhoffte völlige Begnadigung noch immer nicht bringen will, so macht der Bürgermeister Reuter durch Einreichung des nachfolgend mitgetheilten Begnadigungsgesuches sofort nach der Thronbesteigung Friedrich Wilhelms IV. noch eine letzte Anstrengung zur Befreiung seines Sohnes. Daß dieses Gesuch inzwischen durch die Zeitereignisse und den vom Könige bereits in Aussicht genommenen Begnadigungserlaß überholt und damit hinfällig geworden war, wird ihm wohl die Freude an dem endlich, gleichviel auf welchem Wege, erreichten Ziele nicht verkümmert haben. Ja, im Grunde genommen, war sein eigenes Gesuch doch auch wiederum erfolglos und ganz unberücksichtigt geblieben, denn in dem Begnadigungserlasse war der unter preußischer Oberhoheit in Mecklenburg seine Strafhaft absitzende Fritz Reuter gar nicht namhaft gemacht und einfach vergessen worden. Das aber ging dem gegen das ganze Demagogenverfahren schon aufgebrachten Großherzoge Paul Friedrich doch über allen Spaß; er machte kurzer Hand von seinem ihm vorenthaltenen Hoheitsrechte im eigenen Lande Gebrauch, öffnete ohne besondere Erlaubniß Preußens dem Gefangenen die Thore der Festung, und der „gruglichte" Staatsverbrecher, der „an den hellen, lichten Dag de dütschen Farben" getragen, geht hinaus als freier Mann.

Wir lassen nunmehr das Gnadengesuch, das in Abschrift von des Bürgermeisters Reuter Hand noch wohlerhalten vorliegt, hier folgen:

Geruhen Ew. Königl. Majestät, es mir huldvollst zu gestatten, meine Wünsche, meine Bitten und meine Hoffnungen im Nachfolgenden ehrfurchtsvoll vorzutragen:

Es hat mich das harte Schicksal getroffen, daß mein einziger Sohn, der Studiosus jur. Fr. Reuter im Jahre 1832 zu Jena in den Strudel burschenschaftlicher Verbindungen hineingezogen ist. Nachdem derselbe gegen Ostern 1833 die Universität Jena und die gedachte verbotene Verbindung freiwillig verlassen und sich einige Zeit bei mir aufgehalten hatte, wollte er sich zur Fortsetzung seiner Studien nach Leipzig begeben, wurde aber bei seiner Durchreise durch Berlin daselbst verhaftet. Nach einjährigem Untersuchungs-Arreste ward er zu 30jähriger Festungsstrafe verurtheilt, und zuerst nach Silberberg, dann nach Glogau, dann nach Magdeburg und später nach Graudenz abgeführt. Inmittelst hat des Hochseligen Königs Friedrich Wilhelm III. Majestät die hohe Gnade gehabt, die 30jährige Festungsstrafe bis auf eine 8jährige zu ermäßigen, nicht minder hat das diesseitige Ministerium — nicht ohne Rücksicht auf meines unglücklichen Sohnes Individualität, sowie in Erwägung, daß andere diesseitige Unterthanen, welche wegen gleicher burschenschaftlicher Verbindungen zu Jena mehr als mein Sohn inculpirt waren, nach hiesigen Gesetzen und von hiesigen Gerichten nur mit zweijähriger Festungsstrafe bestraft sind — sich bei der dortigen Ministerial-Commission dahin verwendet, daß mein Sohn den Rest seiner Festungsstrafe bis zum Jahre 1842 auf der Meckl. Festung Dömitz abbüßen dürfe, und des Hochseligen Königs Majestät hat die Ausführung dieser submissesten Bitte zu verfügen die Gnade gehabt.

Königliche Majestät! ich stehe im 65sten Lebensjahre, bin ein Greis, bin niedergebeugt durch die jugendlichen Verirrungen meines einzigen, früher die besten Hoffnungen gebenden Sohnes. Die im Leichtsinne begangene Strafbarkeit meines Sohnes besteht nur in strafbaren Gedanken und Ideen, verbrecherische Thaten sind von ihm nicht begangen. Seit 7 Jahren schon bereuet er in harter Gefangenschaft seinen im jugendlichen Leichtsinne begangenen Fehler. Wer weiß, wie lange es mir vergönnt sein wird, unter den Lebenden zu sein, und mein erster und wichtigster Wunsch ist der, meinen einzigen Sohn der menschlichen Gesellschaft zurückgegeben und sich befähigen zu sehen, dieser nützlich zu werden.

An Ew. Königliche Majestät richtet gewiß nicht ohne allergnädigste Erhörung ein Greis die submisseste Bitte:

Ew. Königliche Majestät möge geruhen, meinen Sohn aus Königs Huld und Milde zu begnadigen.

In tiefster Ehrfurcht ersterbe ich

Ew. Königlichen Majestät

allerunterthänigster

Stavenhagen im Großherzogthum
Mecklenburg-Schwerin,
den 25. Juli 1840.

Unter den Krönungsfanfaren des jubelnd begrüßten Königs Friedrich Wilhelm IV. fallen denn nun auch endlich die Fesseln der letzten noch in Haft gehaltenen

Demagogen. Soweit diese inzwischen nicht gestorben, verdorben oder wahnsinnig geworden waren, wurden sie der bürgerlichen Gesellschaft als freie Männer ohne Fehl und Makel zurückgegeben, und als der Letzte unter ihnen auch Fritz Reuter.

So war auch unser Freund nun endlich frei! Ja freilich: — frei! — Aber „säben Johr legen nu achter mi," — — „unn in'n Harten begrawen unner Haß un Fluch un Grugel;" — „ik müggt nich doran rögen; 't was, as süll ik Gräwer upriten un süll minen Spaß mit Dodenknaken bedriwen!" — „'t giwwt man wenig Minschen in de Welt, de en Begriff dorvan hewwen, wat dat heit, wenn Einer up Staatskosten langsam tau Dod quält ward." —

„Un wat lag vör mi? 'ne Haid mit Sand un Dannenbusch!" — „Mi was tau Maud, as wir ik en Boom, de kröpt wir, un üm mi rümmer stünnen de annern un gräunten un bläuhten un nemen mi Licht un Luft weg." —

„Min oll Vader was de sülwige olle gaude Vader van vördem; äwer mit de säben Johr wiren mit mine Hoffnungen uck sine verdrögt; hei hadd sick gewennt, mi so antauseihn, as ik mi sülwst ansach, — as en Unglück!" —

„Wat was ik? Wat wüßt ik? Wat künn ik? — Nicks! — Wat hadd ik mit de Welt tau dauhn? Rein gor nicks! Um ehrentwillen künn ik noch ümmer furtsitten un — as ik so unner den Dannenbusch satt — för minetwegen uck!" —

„Mine meckelnbörgschen Kameraden von Jena her wiren mit en halw, mit dreivirtel, höchstens mit ein Johr affamen, un as ik noch up de Husvogtei in Unnersäukung satt, studirte ein van ehr all wedder lustig in Berlin, un dei was deiper in de Sak verwickelt, as ik!" —

„So was 't dunnmals in Dütschland! — De ganze Kaar, de mit alle Kraft un Gewalt, mit Haw un Gaud, mit Thron un Blaud van dat Volk ut den französchen Sump ruterreten was, würd in den Grawen smeten un de Einzelne mit Ungerechtigkeit un Grausamkeit verfolgt.“ —

„Äwer lat dat! De Wind hett dräwer weiht, un de Vagel is dräwer flagen, un van de swarte Tafel, worup de bittern Gedanken von jeden Enzelnen van uns verteikent wiren, is de Schrift binah verlöscht, — soll verlöscht sin, wenn de groten Herrn de Schrift blot lesen wullen, de för ewige Tiden in Stein uthaut is.“ —

„Ik gung as en frien Mann ut dat Duhr! — Dat fung an mi vör de Ogen tau flirren; ik müßt mi fast hollen! — Un dat hadd Paul Friedrich up sin eigen Hand dahn, ahn de Preußen tau fragen, un as ik nah acht Däg bi minen ollen Vader tau Disch satt, kam en schönen Breiw von den Herrn Justizminister Kamptz, worin de em meldte, ik würd nu uck bald an't Hus kamen. — Ja, 't was recht fründlich van em, blot dat 't en beten tau lat kamm.“ —

„Un dat hett Paul Friedrich för mi dahn, un wenn ik nah Swerin kam, denn besäuk ik em up sin Postament vör den Sloß, denn begrüß ik em in sine stille Gruft, un de Würd', de min Hart denn redt, sünd vull Dank dorför, dat hei mal ne arme afquälte Minschenseel tau 'ne grote Freud upeweckt hett.“ —

„Du büst fri! Du kannst nu gahn, wohen Du willst! De Welt steiht di apen! — Ja, äwer wecker Weg is de rechte?“ — „Schüten, min olle lütte Hund, lop vöran!“ —

Jedoch „Schüten's Weg“ führt noch manchen lieben langen Tag „dörch Sand un Knirk un Dannenbusch!“ Wir folgen nun dem „frien, splitternackten“ Mann, wie durch die ersten zwei Brieffolgen, durch die Schüler- und Studentenzeit und darauf die Festungszeit, nun auch noch ein Stück „dörch ne trostlose Gegend", durch die dritte Brieffolge, bis zur wirklichen „Stromtid" nach.

Die Berufs- und Zukunftsfrage, vielfach während der Festungszeit hin und her berathen, aber zu keinem Abschluß gekommen, drängt nun zur Entscheidung. Der Bürgermeister Reuter vermag seine Bedenken gegen den Beruf des Landmanns nicht fallen zu lassen; wir werden diesen Bedenken auch noch in einem nachfolgenden Briefe des Bürgermeisters Reuter billigerweise Gehör geben. Die Berathungen zwischen ihm und seinem Bruder, dem Pastor, dem von Fritz Reuter sehr verehrten Oheim Reuter in Jabel, führen endlich zu dem Entschlusse, das Studium der Rechte — dennoch und dennoch — wieder aufzunehmen.

Der dreißigjährige Student, dem „tau Maud was, as en Boom, de kröppt wir", macht sich auf den Weg nach Tübingen; aber auch nach dem siebenjährigen Fegefeuer findet der arme Sünder keinen Frieden. Die Stuttgarter Regierung hatte in väterlicher Fürsorge nach dem Jenaer Weltbrandversuche die Alma mater unter den sanften Corporalstock gestellt und dieser als getreuer Wächter sträubte sich, den Wolf in seine Heerde einzulassen.

Vielleicht aber möchte der an die Thür Klopfende schließlich doch noch Einlaß gefunden haben, wenn er allenfalls einige Rücksichten sich hätte auferlegen mögen. Auch hier muß man billigerweise nach dem alten Sprichworte, daß Eines Mannes Rede keines Mannes Rede ist, die verschiedenen Stimmen gegeneinander halten; und so möge denn ein Zeuge jener Tage zum Worte zugelassen werden, dessen bisher noch unbekannte Mittheilungen die dunkelste Zeit aus dem Leben unseres

Freundes in erschütterndster Weise beleuchten. Auf die besondere Bitte des Herausgebers der Briefsammlung hat nämlich der älteste Bruder desselben, ein Studiengenosse Fritz Reuters in Heidelberg, ihm seine Beobachtungen und Erlebnisse daselbst schon vor einundzwanzig Jahren, als die Herausgabe der Briefe beabsichtigt war, brieflich mitgetheilt, mit der Bitte, in schonender Weise von seinen Mittheilungen Gebrauch zu machen. „Ich hätte jedem Anderen gegenüber geschwiegen," so schrieb derselbe damals, „und nun und nimmer geantwortet. Deinen Wunsch aber habe ich erfüllt, weil ich weiß, daß Du zart auf die Sache eingehen wirst."

Einundzwanzig Jahre sind darüber hingegangen; der Eine todt, der Andere todt. Das Leben unseres Lieblings Fritz Reuter liegt offen vor uns aufgedeckt mit allen seinen Licht- und Schattenseiten, mit seinem verzweifelten Ringen und Kämpfen, dem Bitten und Beten des leidenden Menschen um Erlösung von seinem unüberwindlichen Feinde, seinem nach allem Unterliegen immer wieder ungebrochen emporschnellenden Geiste, seiner unverwüstlichen Herzensgüte und seinem unzerstörbaren deutschen Gemüthe, seinem offenen Bekenntnisse und Geständnisse seiner Schuld, seinem Flehen um Vergebung und Versöhnung aller unter ihm leidenden Liebe. Das Alles liegt vor uns aufgeschlagen, und hier wie dort ist das Grab geschlossen — warum nun noch verdecken und verheimlichen? Im Gegentheil, zum ganzen Erfassen und Erkennen ist volle Wahrheit und Klarheit nothwendig; und wir wollen ihn ganz erfassen und erkennen, unseren Liebling, den ringenden Menschen, hier und überall, auf Schritt und Tritt mit ihm sein, bei ihm sein. Wer aber solches will, muß den Menschen und Dingen offen ins Gesicht sehen, sie nicht nach seinen Wünschen formen und nicht empfindsam unter eine gefärbte Glasglocke stellen. Und wer selbst ein ehrlicher Mensch ist, wird den Einen, der einen ehrlichen, verzweifelten Kampf mit seinen Anfechtungen kämpft, auch wenn er unterliegt, immer noch höher achten als den Anderen, der, von keiner Leidenschaft, keiner Anfechtung bedrängt, sich selbstgerecht auf der Straße spreizt und bläht.

Aus diesem Grunde sind die Briefe bisher unverändert wiedergegeben; und aus diesem Grunde sollen auch die brieflichen Mittheilungen, welche wir dem verwandten Studiengenossen Fritz Reuters, Hermann Engel,* dem Bruder des Herausgebers, verdanken, möglichst unverkürzt und unverändert hier folgen:

„Fritz Reuter hat zunächst in Tübingen studiren wollen; auf seiner Reise dorthin blieb er schon in einer kleinen preußischen Stadt krank liegen. Er kam daher erst nach Anfang der Eröffnung der Vorlesungen in Tübingen an. Seiner Mittheilung nach hat man ihm hier wegen seiner Antecedentien (in politischer Beziehung) Schwierigkeiten bezüglich der Immatriculation gemacht; ich glaube aber mehr — (er nahm es damals nicht so ganz genau mit dem Referiren in eigenen Angelegenheiten) — daß es wegen seines anstößigen Treibens dort nicht zur Immatriculation gekommen ist. Nach des Vaters Wunsch sollte er Tübingen besuchen: von dort ist er aus eigenem Antrieb nach Heidelberg gegangen.

„Am liebsten deckte ich das in Heidelberg Verlebte mit einem Schleier zu; — es ist dies wohl der dunkelste Punkt mit in seinem Leben; weil er im Uebrigen ein genialer Mensch war, wird's ihm nachgesehen werden —

* Hermann Engel, acht Jahre jünger als Fritz Reuter, studirte mit diesem zugleich in Heidelberg und starb im October 1887 als Hofrath am Oberlandesgericht in Rostock.

ein gewöhnlicher Mensch würde enfant perdu genannt werden. Ich werde nach bestem Gewissen ungeschminkt die Wahrheit schreiben; Du wirst dann am leichtesten und sichersten die Form finden, die dem Satze: de mortuis nil nisi bene! entspricht.

„In Heidelberg ist Fritz, obgleich er, wie aus Vorstehendem hervorgeht, sehr spät nach Anfang des Semesters dort ankam, ohne Schwierigkeit immatriculirt. Er wurde natürlich mit ganzer Sympathie von den Studenten aufgenommen, war der Löwe des Tages. Dadurch kam er ganz in das Kneipen hinein; er hielt sich meistens zu dem Corps der Westfalen. Weil ich ihm in keiner Weise, weder geistig noch sonst, gewachsen war, verkehrte er mit mir eigentlich gar nicht; er kam nur zu mir, wenn er — das Delirium tr. sich nahen fühlte; dann brachte ich ihn zu Hause, sorgte für Arzt, Wache u. s. w. Er hatte Erscheinungen, die sich nicht wiedergeben lassen; dann sagte ich ruhig zu ihm: ‚Kumm, Fritzing, wi willen nah Hus' gahn!' worauf er sich ganz ruhig in seine Wohnung führen ließ. — Anfangs hatte er vollständiges Uebergewicht über alle Commilitonen, wegen seiner großen geistigen Begabung und wegen seines vorgerückten Alters; später verlor sich aber dies Uebergewicht, dies Ansehen ganz und gar; er wurde gehänselt und man machte sich über ihn lustig; auch sein Aeußeres machte schon einen herunterkommenden Eindruck; unsauber in Kleidung und Wäsche, ungekämmt oft das Haar, weil er mit Stiefel und Sporen im Bette gelegen hatte. Beim Kneipen wurde er immer gerne gesehen; aber wenn er krank war, kümmerte sich keiner von seinen Kneipgesellen um ihn. Hatte er die Folgen überwunden, so war er in Gesellschaft mit Anderen heiter, vergnügt.

„Vorhaltungen habe ich ihm nie gemacht, Anspielungen wurden durch schnelle Wendung des Gesprächs abgelenkt. — Im Anfange mag er die Collegia besucht haben, später aber gar nicht; studirt zu Hause hat er eigentlich auch nicht, namentlich nicht juridica; ich glaube aber, daß er Belletristisches gelesen hat. — In Gesellschaft trank er eigentlich nie zu viel; er nahm die Getränke mit nach Hause, ließ sich solche nach Hause kommen und nun zechte er sich in selige Zustände auf eigene Faust. Anfangs las er dabei noch, — dann wurde das Buch fortgelegt; nun fingen die Erzählungen, Irreden, Erscheinungen an. — —

„Die Veranlassung, daß er in Heidelberg abgerufen wurde von seinem Vater, bin ich gewesen. Ich erinnere mich in keiner Weise, daß ich vom Vater irgendwie einen Brief erhalten hätte, über Fritz zu berichten. Ich habe die Anzeige auf eigne Faust gemacht beim Vater über sein Leben und Treiben, auch ohne es Fritz zu sagen, daß ich es thun würde und daß ich es gethan hätte. Wie ich dazu gekommen bin, weiß ich selbst nicht; Pflicht und Gewissen müssen es mir eingegeben haben, ein anderer Ausweg mir verschlossen gewesen sein; in späteren Jahren würde ich es nicht gethan haben. Fritz wird es mir in längeren Jahren nicht verziehen haben; später mag er erkannt haben, daß er sonst untergegangen sein würde. Aufgesucht hat er mich nicht wieder.

„Auf meine Anzeige schickte der Vater einen städtischen Subaltern-Beamten aus Stavenhagen nach Heidelberg, der ihn von dort abholen mußte. Geld durfte derselbe ihm nicht geben und hatte der Vater ihm ein offenes Schreiben mitgegeben, worin er autorisirt wurde, jede Polizeibehörde um Hilfe anzugehen, wenn Fritz sich nicht fügen wollte. Anfangs nahm er diesen Menschen höhnisch auf; bald aber ergab er sich und folgte ruhig. Die Rechnungen sammelte ich, liquidirte sie seinem Vater, der mir dann das Geld schickte, mit dem

Bemerken, daß ihm sein Sohn seit seiner Abreise nach Tübingen so viel gekostet hätte, daß ein Anderer damit sein Triennium hätte absolviren können. Die Summe, welche durch meine Hände ging, war nicht groß, da ich Rechnungen über Kneipschulden gar nicht eingefordert hatte."

Soweit der Augenzeuge jener dunklen, schweren Zeit. Was wäre diesen erschütternden Mittheilungen noch weiter hinzuzufügen? Schildern sie doch erschreckend deutlich und eindringlich, in welchen Abgrund unser Freund rettungslos zu versinken drohte.

Dem schwer heimgesuchten Manne folgen eben „de säben Festungsjohr" und sein unerbittliches Schicksal unablässig, auch nach „Alt-Heidelberg, der Feinen", nach; und ob er auch im Reiche der Geister herrschend sitzt und durch die Kraft seines Herzens die Herzen an sich zieht, schleppt er doch seine Ketten im Staube mit sich. Kaum auch klingt noch ein fröhlicher Laut aus den Briefen des Heidelberger bemoosten Hauptes; „Onkel Dambach's Dresselkünste" und Herrn v. Tschoppe's „Hochverraths-Conat" haben ihre Schuldigkeit gethan. Nur von einigen wenigen Sonnenstrahlen wohl unterbrochen, ist seine ganze Zeit in Heidelberg ein einziger schwüler Gewittertag. Und wenn nicht einzelne gute Menschen ihm sein Kreuz hätten tragen helfen, und unter diesen ganz besonders Einer, der, wie sein Name ihn nennt, ihm wirklich wie ein Engel, in treuer, stiller Hingebung als Samariter zur Seite steht, so oft „de arme afgequälte Minschenseel" seiner bedarf, — wenn Das nicht gewesen wäre, wer weiß, ob „Schüten, de olle lütte Hund, den frien, äwer splitternackten Mann" jemals aus „de trostlose Gegend" hinausgeführt, ob er jemals den goldenen Morgen geschaut, den reichen Schatz für sein Volk gehoben und dafür im Herzen seines Volkes den Platz eines Lieblings gewonnen haben möchte. Dafür mag dem rettenden Engel noch über das Grab hinaus gedankt sein!

Begleiten wir jetzt unseren Freund an der Hand seiner Briefe, nachdem er die Heimath wieder verlassen hat, auf seinem Weg nach Tübingen und Heidelberg.

Quedlinburg, den 12. October 1840.

Lieber Vater!

Durch die Aengstlichkeit meines Wirthes bist Du gegen meinen Willen sehr beängstigt worden, ich bin jetzt wohl und werde heute Nacht nach Nordhausen und von da nach Cassel abreisen. Freilich wahr ist's, daß ich höchst unwohl und durch heftiges Fieber abgemattet und geängstet bin; da nun hier in der Gegend diese Symptome in der neuesten Zeit einen traurigen Ausgang genommen haben, so kann man dem guten Mann seine Aengstlichkeit nicht wohl verdenken. Das Schlimmste ist, daß er mir nichts davon gesagt hat, sonst würde ich es nicht gelitten haben und durchaus davon abgerathen haben, da ich mich nicht so krank gefühlt habe, als daß ich Dich hätte beunruhigen mögen.

Der Arzt hält die Geschichte für einen lebhaften Anfall der hier hausenden Grippe, und ich bin um so mehr seiner Meinung, da ich mich auf der Reise bedeutend erkältet hatte und an Kreuzschmerzen litt, die ich sonst nicht kenne. Ich hoffe, daß dieser Brief Deine etwa entstandenen Besorgnisse zerstreuen und ich Dir bald die völlige Vollendung meiner Reise melden kann.

In Magdeburg habe ich mich gar nicht aufgehalten, auch keine Besuche gemacht. Sollte dies nicht mit Deiner Meinung übereinstimmen, so bitte ich um Entschuldigung; ich hatte aber Eile und gute Gelegenheit. Mit meinen Geldausgaben geht es so so, doch hat dieser Aufenthalt und die erforderliche Pflege und Arzt bedeutende Eingriffe in meinen Geldbeutel gemacht.

Lebe wohl und grüße Alle, vorzüglich Lisetten von Deinem treuen Sohne F. Reuter.

Cassel, den 14. October 1840.

Lieber Vater!

Zwei Nächte und zwei Tage bin ich ununterbrochen auf der Reise und habe diese Strapaze im Ganzen gut ertragen, da ich mich heute Nachmittag so wohl und munter fühlte, daß ich die 2 Stunden zur Wilhelmshöh zu Fuße gewandert bin und Deiner mit der größten Lebhaftigkeit dort gedacht habe; Du sagtest mir nämlich einst, dieser Punct sei der südlichste in Deutschland, den Du besucht hättest. Ach! wie viel mehr wärst Du werth gewesen, durch Reisen Dir Vergnügen zu verschaffen, als ich! Vater! Du glaubst nicht, wie wehmüthig ich heute gestimmt war, indem ich dachte, daß Du vielleicht in diesem Augenblick die erste traurige

Nachricht über mich läsest und am Ende, nach so vieler Nachricht, dennoch an meinem besseren Ich verzweifeltest und bereutest, jemals einen Sohn geliebt zu haben, der geboren zu sein scheint, Dir Kummer zu machen. Ich bin zum Sterben müde und erschöpft, kann aber doch nicht unterlassen, Alles anzuwenden, was zu Deiner Beruhigung dient. Lieber, guter Vater, ich bin wahrlich unglücklicher als Du: ich mit Schuld, Du ohne Schuld; darin liegt der Unterschied. Morgen reise ich nach Frankfurt und dann weiter. Ich grüße Dich und Lisetten und bitte dringend, meine Briefe Keinem weiter zu zeigen. Bald ein Mehreres von Deinem Sohn F. Reuter.

Welch ein düsterer, quälender Begleiter auf dem Wege zur „Alma mater": dieses Schuldbewußtsein, diese Selbstanklage, das fort und fort auf ihn gerichtete anklagende Auge eines durch ihn in allen seinen Hoffnungen getäuschten Vaters zugleich mit dem erdrückenden Gefühle der Ohnmacht, sich diesem zermarternden Begleiter entwinden zu können, der wie sein eigener Schatten sich an seine Fersen hängt! „Ich bin wahrlich unglücklicher als Du, ich bin zum Sterben müde" — welch ein Aufstöhnen der gequälten Seele! Wer möchte da das Zünglein der Schuldwage und die nach Grund und Ursache forschende Sonde noch tiefer in die vor aller Welt nun offen liegende klaffende Wunde des kreuztragenden Mannes stoßen? Nein —! wir sehen in ihm nur den Kreuzträger, wir fühlen und leiden als Freunde mit dem Freund! —

Tübingen, den 26. October 1840.

Lieber Vater!

Vor zwei Tagen bin ich glücklich hier in Tübingen angelangt und habe bis jetzt keinen Augenblick gehabt, worin ich mit Muße und ungestört Dir hätte schreiben können. Der Gedanke hierher zu gehen ist vielleicht ein durchaus unglücklicher gewesen, denn man hat mir hier viele Schwierigkeiten in den Weg gelegt, die ich noch nicht überwunden habe. Ich habe mich von hier aus an das Ministerium des Innern nach Stuttgart wenden müssen, um aufgenommen zu werden, und werde im glücklichsten Falle wohl noch einiger Zeugnisse bedürfen, deren erforderlichen Inhalt ich Dir zu seiner Zeit mittheilen will. Sollte mir die Aufnahme verweigert werden, so muß ich nach Heidelberg zurück, woselbst es, wie mir dort allerseits gesagt ist, durchaus keinem Zweifel unterliegen würde. Hätte ich alles gewußt, wie ich es jetzt weiß, so wäre ich gleich in Heidelberg geblieben; es ist hier fast ebenso theuer als dort und der Student ist mit 16 Polizei-Dienern umlagert, hat auch keine eigene Gerichtsbarkeit mehr, sondern steht unter der Stadtdirection. Dies würde mich jedoch wenig kümmern, da ich sicher nie auf den Gedanken kommen werde, mich als Student zu geriren. Die Pandecten liest Schrader und zwar 14stündig wöchentlich mit Ausschluß des Familien- und Erbrechts, welches er dann im nächsten Semester lesen wird; also muß ich ein volles Jahr Pandecten hören, und wie ich dann mit meinen zwei Jahren auskommen werde, weiß der liebe Gott. Um keine Zeit zu verlieren, habe ich mich hier einstweilen beim Kaufmann Hebsacker eingemiethet, da ich, wenn ich, wie ich es hätte thun können, bei einem Studenten die Zeit über gewohnt hätte, jedenfalls zu viele Studenten-Bekanntschaften hätte machen müssen und wenigstens in der Zeit meines prekairen Aufenthalts nichts hätte thun oder, wie man hier sagt, schaffen können. Jetzt liegt einstweilen der Mackeldey vor mir, da ich mir vorgenommen habe, außer dem Collegium der Pandecten die Institutionen tüchtig zu studiren. Du kannst mir sicher glauben, daß ich den festen Willen habe, die Zeit zu nützen und zu lernen, was ich noch lernen kann; Gott wird ja auch dafür sorgen, daß dieser Wille ausgeführt wird. Außer mir ist kein Mecklenburger hier, und von den Norddeutschen habe ich nur ein paar Holsteiner hier getroffen, die mir aber nicht so zu gefallen scheinen, als daß ich sehr mit ihnen harmoniren werde. Ich habe hier jedoch einen Schwaben gefunden, der sich meiner mit vieler Zuvorkommenheit und Freundlichkeit angenommen hat, mir die richtigen Wege behufs meiner Aufnahme gezeigt hat und der mich heute in die Umgebungen Tübingens führen will, sobald ich meine Pflicht erfüllt habe, Dir zu schreiben; wir verstehen uns leider nicht zum besten. Der Professor Mohl, der jetzt Rector ist, und auch der Amtmann haben mir die besten Hoffnungen zur Aufnahme gemacht und meine Eingabe mit einem für mich günstig lautenden Schreiben begleitet. Ich erwarte von Dir auf diesen Brief noch keine Antwort, da dieselbe mich schlimmsten Falls hier nicht treffen würde, und denke Dir gleich nach Entscheidung der Sache von den zu wählenden Schritten Nachricht zu geben. Meine Sachen habe ich auf Spedition in Quedlinburg gegeben und erwarte sie jetzt täglich. Den inliegenden Brief, der, wie ich hoffe, das Porto nicht vertheuern wird, hast Du wohl die Güte nach Bützow zu besorgen, er ist von der Mutter meines Wirthes an ihren Bruder.

Ich schriebe gerne heute noch an Lisetten, die ich wie Sophie vielfach zu grüßen bitte, aber ich muß gestehen, ich bin so unruhig und auch verdrießlich, daß ich es für's beste halte, es mir auf eine heitere Zeit aufzusparen. Wenn mein Brief nicht so ist, wie er sein sollte, so schieb's auf meine große Schuld, die ich neulich wieder gegen Dich begangen habe; ich bin sehr unglücklich darüber und will Gott danken, wenn ich wieder ruhiger werden kann. Gesund bin ich durchaus und halte mich an Obst, das hier in so ungeheurer Menge ist, daß der halbe Scheffel circa 8 Schillinge kostet.

Nochmals bitte ich um Vergebung und wünsche Dir

Alles, was Du von Gott erbitten mögest, denn dann weiß ich wird's mit mir auch gut. Lebe wohl. Dein Sohn F. Reuter.

Der erste Versuch, nach wiedererlangter Freiheit noch einmal an einer deutschen Universität zur Wiederaufnahme der Studien nach siebenjähriger Unterbrechung sich seßhaft zu machen, scheitert. Die Universität Tübingen versagt die Immatriculation. Wieder nimmt der Zurückgewiesene den Wanderstab auf und wendet sich kurz entschlossen aus eigenem Antriebe nach Heidelberg, wo er unter Beihülfe des nachfolgend (Seite 210) abgedruckten Commandantur-Zeugnisses gastliche Aufnahme findet.

Heidelberg, den 9. November 1840.

Mein lieber Vater!

Leider muß ich Dir melden, daß meine Reise nach Tübingen eine unnütze gewesen ist und daß man mich mit schönen Redensarten hintergangen und aufgehalten hat. Ich habe alle möglichen Versuche gemacht, um aufgenommen zu werden, doch umsonst, selbst die persönliche Bitte beim Minister Schlayer hat mir Abschlag eingetragen; daher bin ich denn hierher nach Heidelberg zurückgegangen und bin hier sogleich aufgenommen worden unter der Bedingung, daß ich folgende beiden Zeugnisse beibringe: 1) daß ich in Dömitz durch die Amnestie meiner Haft entlassen, und da der alte Obrist-

Lieutenant wohl nicht abgeneigt ist mir ein gutes Zeugniß über mein Betragen auszustellen, so kann dies auch von ihm geschehen. 2) Eine Abschrift meines Abgangszeugnisses in Jena, wo, wie mir der Amtmann sagte, mir das Dir bekannte Consilium nicht schaden wird. Ersteres bitte ich mir zu besorgen, das zweite will ich mir aus Jena vom Universitäts-Amt senden lassen. In Tübingen wäre ich gerne geblieben, da Schrader mir sehr gefallen hat und ich gewiß in sehr nahe Berührung gekommen wäre. Hier liest Vangerow Pandecten und zwar in einem Auditorium von 160 Zuhörern, sie sollen ausgezeichnet gut, aber auch ausgezeichnet theuer sein, nämlich 33 Gulden, rechne ich dazu die Anschaffung seines compendii, das noch nicht ganz heraus ist und schon jetzt 8—9 Gulden kostet, und dann noch das corp. juris, so wird mir die Sache nahe an 50 Gulden kosten. Heute bin ich schon im Colleg gewesen und habe mich gewundert, wie unendlich verschieden die Art und Weise ist, wie solche Sachen vorgetragen werden können, früher nichts als todtes Aufzählen verschiedener Lesarten und Ansichten, hier jetzt nichts als Leben. Morgen werde ich zu ihm gehen und ihm sagen, daß ich gesonnen sei seine Pandecten zu hören und zu studiren, werde ihn auch vorläufig bitten, mir zu Weihnachten ein Zeugniß über meinen Colleg-Besuch abzufassen und deßhalb, denke ich, wird er, da ich dichte vor ihm sitze, wohl ein Auge auf mich haben, womit Dir, wie ich glaube, gedient sein wird. Ich habe mich hier in ein abgelegenes, wohlfeiles Quartier (für Heidelberg wohlfeil = 30 Gulden) aufs halbe Jahr eingemiethet, ohne Holz, das mir auch 15 Gulden kosten wird. Mein Mittagstisch ist auch der wohlfeilste und kostet 20 Kreuzer, was nach unserem Geld 8 ßl. ausmacht. Ich denke sehr fleißig zu sein und denke, Gott wird mich gesund lassen und wird mir Muth und Dir Vertrauen geben. Ich bitte Dich, gräme Dich nicht zu sehr über mich, Du wirst gewiß einst froh an mich denken.* Hier sind jetzt viele Mecklenburger, von denen einzelne mich mit vieler Zuvorkommenheit aufgenommen haben, sonst habe ich keinen Umgang.

An meinem Geburtstage habe ich hier noch einen Strauß von Feldblumen gepflückt und in Tübingen am 5ten noch im Freien in Hemdärmel gesessen, weil es mir zu warm war.

Du hast jetzt wenigstens einen bestimmten Ort, wohin Du Deine Briefe und das Zeugniß aus Dömitz senden kannst und ich erwarte dieselben bald; doch bitte

* Ein Seherblick, der nur auserwählten Geistern gegeben ist, deren Glaube an sich selbst und ihre Aufgabe durch keine Gewalt und keine Erniedrigung zu brechen ist und sicher, wie der Stern des Morgenlandes, aus dunkler Nacht zum goldenen Morgen führt. Leider sollte der Bürgermeister Reuter diesen Morgen nicht mehr schauen.

ich Dich herzlich, mache sie nicht zu niederschlagend für mich. Grüße Alle, vorzüglich Lisette herzlich von Deinem F. Reuter,

wohnhaft beim Kercher [Fuhrmann] Schmidt in der Froschau.

Heidelberg, den 14. December 1840.

Mein lieber Vater!

Tausend Dank für Deine große Güte, die sich so sehr freundlich durch die unerbetene Sendung der 60 Thlr., die ich richtig erhalten habe, ausgesprochen hat. Ich habe sogleich mein Colleg, sowie anderes Nöthige bezahlt, auch die Immatriculationsgebühren, und bin demnach Studiosus der hiesigen Universität. Du wirst sagen, das sei was Rechtes, wenn man nicht studire, doch sei getrost, ich werde gewiß tüchtig dahinter sein, wenn ich auch in der letzten Zeit durch einen kranken, verstauchten Arm an dem Besuch der Collegia und am Schreiben verhindert worden bin. Heute jedoch bin ich wieder ins Colleg gegangen und freue mich, daß ich Dir dies melden kann; ich habe nun leider etwas nachzureiten, wie die Studenten sagen, und werde deshalb wohl auf jegliches Vergnügen in den Weihnachtsferien verzichten müssen, doch das soll mir keinen Kummer machen, da ich den festen Willen habe, das Meine zu thun, damit Du zufrieden mit mir wirst. Mittermaier liest des Abends Criminalprozeß, und da habe ich denn gedacht, ich wollte das Colleg schießen, welches denn auch recht gut geht. Freilich studiren kann ich den Prozeß noch nicht, da es jedoch sehr interessant ist, so bleibt wohl ein Körnlein hängen und die Zeit ist, glaube ich, gut angewandt. Die Pandecten von Vangerow nehmen übrigens meine Zeit vollständig in Anspruch; aber ich glaube, ich werde sie später noch einmal hören müssen, da ich bis jetzt keinen kenne, der sie nicht zweimal gehört hätte, einige sogar dreimal. Uebel ist es, daß das Handbuch vergriffen ist und die zweite Auflage erst so weit heraus ist, als wir schon in voriger Woche waren; da ich nun die neue Auflage besitze, so kann ich eigentlich nicht recht weiter und so wird sich mir später die Arbeit sehr häufen.

Du fragst nach meinem Getränk, und da muß ich Dir denn offen gestehen, daß ich hier Bier und auch schon Wein getrunken habe; da es mir aber nicht gut bekommen ist, ich auch von jetzt ab viel sitzen muß, und vor Allem, weil Du es wünschest, so werde ich mich auf Wasser beschränken.

Im ganzen bin ich hier von den anwesenden Mecklenburgern und auch von Andern, die ich hier durch Jene habe kennen gelernt, mit vieler Freundlichkeit aufgenommen worden, doch ist mir der Umgang derselben nicht so recht ins Herz gegangen, welches wohl von dem Unterschied der Jahre herrühren mag.

Heute ist hier eine ganz horrible Kälte eingetreten und zwar ohne daß die Erde eine Schneedecke hätte, ich denke deßhalb mit Bangigkeit an Deine Karden; aber die Temperatur ist wohl sehr verschieden, wenigstens der Schneefall. Heute über 10 Tage ist heiliges Weihnachtsfest und da wünsche ich Euch denn allen vergnügtere Tage, als ich mir vorgenommen habe zu feiern; Lisettchen muß Pfeffernüsse backen, während Sophie Dich wohl mit einem Christpüppchen bescheert. Grüße sie beide von mir und verzeihe nur, daß mein Brief so spät kommt. An dem heiligen Abend werde ich viel und gewiß dankbar an Euch denken, deß seid versichert, und dann hoffe ich, denkt Ihr auch wohl an mich mit Liebe, die mir wahrhaftig noth thut.

Nun lebe wohl, bleibe gesund und schreibe mit Freundlichkeit an Deinen Sohn F. Reuter.

Hier schalten wir das im Original noch vorhandene Zeugniß der Großh. Mecklenburgischen Commandantur in Dömitz ein, auf welches hin seine Immatriculation in Heidelberg endlich stattfinden konnte. — Das Actenstück lautet buchstäblich, wie folgt:

Daß der Studiosus Reuter aus Stavenhagen zu Heidelberg in folge der in August d. J. von des Konigs von Preußen Majestät erlassenen Amnestie, auf Befähl Sr. Königl. Hoheit des Großherzogs, aus den hiesiegen

Festungsarreste entlassen sei, auch sich hier gut verhalten habe, solches wird auf Ansuchen seines Vaters, des Herrn Bürgermeisters Reuter zu Stavenhagen attestirret.

Domitz den 26 November 1840

Großherzoglich Mecklenbg Commandantur
der Commandant Oberstlieütenant
von Bülow.

Die nun folgenden Briefe schildern zwar die schweren Kämpfe unseres Freundes, von denen wir oben erfahren, nicht so deutlich, als nach den Mittheilungen des Augenzeugen jener Zeit zu erwarten gewesen wäre; aber es spricht aus ihnen doch stellenweise ein schwer belastetes Gemüth, und zwischen den Zeilen ist für den aufmerksamen Leser deutlich der schwere Conflict erkennbar, der zwischen Vater und Sohn von Neuem ausgebrochen ist.

Heidelberg, den 7. Januar 1841.

Mein lieber Vater!

Endlich schreibe ich Dir, ich konnte nicht früher, wahrlich nicht, mein Gemüthszustand war zu traurig, als daß ich mich entschließen konnte, Dich mit diesem bekannt zu machen; ich bin noch sehr traurig, sehr unzufrieden mit mir, doch jetzt sind die Ferien aus und die Collegia haben angefangen und da denke ich denn wird sich Alles, Alles ändern; ich habe die beste Hoffnung und den besten Willen. Gebe Gott, daß ich die Kraft habe, ihn zu realisiren.

Du verlangst zu wissen, wie es mit meinem Privat-Fleiß geht. Hierüber kann ich Dir ziemlich befriedigende Nachricht geben, d. h. im Ganzen; wenn ich aber so fortfahre, wie ich jetzt angefangen habe, die günstigste.

Mein Cassenbestand ist auf die Neige, doch habe ich keine Schulden, als die Miethe von 30 Gulden.

Lieber Vater, Du irrest Dich, wenn Du glaubst, daß meine Lage so sehr günstig sei, wie Du und auch ich mir früher einbildeten. Die Natur ist jetzt todt, freundlichen Umgang suchte ich bisher vergebens, die Studenten sind zu sehr durch Jugend und Neigung von mir geschieden, sie haben andere Interessen, andere Ansichten als ich; der eine spricht von Nichts als Paukereien, der andere von Reit- und Tanzstunden, der dritte von Bällen und Mädchen, der vierte von Musik und Concert u. s. w. und alle diese Sachen haben für mich kein Interesse. Ich habe Mehrere unserer Landsleute aufgesucht und mich mit ihnen bekannt gemacht, sie sind nicht wieder zu mir gekommen, mit wenigen Ausnahmen, unter denen sich Trebin Penzlin befindet, der sich mit mir noch am meisten befreundet; ich bin zu einer Kneipe hingegangen, wo sich mehrere Mecklenburger und auch Andere befinden, da wird nur Bier getrunken und das willst Du nicht, zudem ist das ein sogenanntes Corps und meine Grundsätze sind dem nicht sehr günstig gestimmt. Darum nach Allem scheint's mir am Besten still zu Hause zu bleiben, freilich das Loos eines Festungsgefangenen. Dies wird Dir Alles sehr übertrieben vorkommen und ich gebe Dir zu, daß vielleicht vieles von der Unzufriedenheit mit mir selbst herrührt, doch nicht Alles.

Doch laß das gut sein, ich will diese meine Stimmung dazu anwenden, fleißig die Pandecten zu durcharbeiten, und wirst sehen, daß sie mehr nützt als schadet.

Daß Sophie Dir einen Enkel zu Weihnacht geschenkt hat, freuet mich sehr, zumal ich dadurch eine neue Charge, nämlich die eines Onkels, erhalten habe; aber daß der Junge Georg heißen soll, ist Thorheit — Johann muß er heißen; alle nennen Dich Johann. Aber ich weiß schon, Sophie fürchtet, daß man ihn dann später Hanne nennen wird; aber mich deucht, Hanne hört sich eben so gut an als Jürn, denn diesen Namen wird er sicherlich bekommen. Gratulire sie in meinem Namen.

Es ist freilich ein großes Glück, daß bei Euch Schnee gefallen ist, bei uns fällt er erst heute, aber in solcher Masse, wie ich es noch nie gesehen habe. Ich bin dabei, ein kleines Gedicht zu verfertigen, welches ich Dir mit der nächsten Post zusenden werde; es ist nicht ganz fertig geworden; glaube aber nicht, daß ich damit meine Zeit vertändele, es ist das erste, was ich mache.

Du schlägst den Schaden mit meinem Arm nicht hoch genug an, er war sehr bedeutend und der Arzt wollte dabei schneiden, was ich aber nicht zugab, sondern täglich Eisumschläge machte, wodurch er bis auf wenige Schmerzen hergestellt ist.

Ein Zeugniß von Vangerow erläßest Du mir wohl, da ich mich der Demüthigung aussetzte, von ihm zu hören, daß ich zuweilen gefehlt hätte. Ein Zeugniß über mein gutes Betragen kann ich aber gar nicht beschaffen oder ich müßte mir vom Amte ein Abgangszeugniß geben lassen, denn wer soll sonst ausstellen, und dies kostet 6 Gulden und die neue Immatriculation wieder 6.

Lebe wohl und hoffe auf mich. Grüße Lisette und alle Uebrigen von Deinem F. Reuter.

Heidelberg, den 31. Januar 1841.

Mein lieber Vater!

So eben kehre ich von einem Leichenbegängniß zurück, durch welches ein hiesiger Student, Namens W., der von einem anderen mit Namen von N. im Pistolenduell erschossen worden ist, der kalten Erde anvertrauet ist. — Dies wird Dich wohl nicht sehr interessieren, doch mich desto mehr, da gerade heute vor vier Jahren mir auch mein Todesurtheil gesprochen wurde; es hat auf mich den lebhaftesten Eindruck gemacht.

Du meinst, ich würde mich gekränkt fühlen, daß Du meinetwegen an den Professor von Vangerow geschrieben hättest; ich muß gestehen, daß ich im ersten Augenblick so etwas fühlte, doch bei genauerer Ueberlegung konnte dies Gefühl wohl nicht bleibend sein, da ich mir die Beweggründe des Schrittes vor's Auge hielt und dann fand, daß es ein Beweis Deiner Liebe und Besorgniß sei. Ich folgte daher sogleich dem Ansuchen des Herrn Professors, ihn zu besuchen, obwohl mit mißgestimmtem Gemüthe, fand jedoch bei ihm eine herzliche Aufnahme, die sich auch auf thätige Hülfe zum Fördern meiner Studien erstreckte, indem derselbe mir ein Heft seines Handbuches, das ich noch nicht besaß, weil es im Buchladen vergriffen ist, borgte. Was Du aber dadurch Gutes bezwecken willst, sehe ich nicht ab, da Deine Briefe mehr als die Ermunterungen des Professors bei mir wirken; ich bitte Dich daher, nicht den Schritt zu wiederholen. Er sagte mir zugleich, daß er in diesem Semester mit den Pandecten nicht fertig werden würde, und in dem nächsten es noch mit dem Erbrecht zu thun haben würde. Das Geld, 50 Thlr., hat er mir ebenfalls gegeben.

Willst Du mich nun also hier lassen, so muß ich in den nächsten 3 Semestern ungemein viel Collegia hören, wie Du selbst einsehen wirst: Criminalrecht, Kirchenrecht, Lehnrecht, deutsches Privatrecht, Civilprozeß, Criminalprozeß, Staatsrecht, ein Practicum, Naturrecht und im nächsten Wintersemester jedenfalls noch einmal Pandecten, denn es ist rein unmöglich, in einem Semester die Pandecten wegzubekommen, da sich gegen die Zeit, wo Du studirtest, die Masse so ungeheuer gehäuft hat, daß ich keinen meiner Bekannten kenne, die dies Colleg nur einmal, wohl aber einige, die es viermal gehört haben, ohne dabei träge zu sein. Wenn ich die ungeheure Masse von Positivis und die noch größere und schwierigere Masse von Controversen bedenke und anschaue, dann möchte ich verzweifeln, und nur der Gedanke, daß es ja außer mir noch Andere überwunden haben, kann mich bewegen, wieder an die Arbeit zu gehen. Ich denke nun so: das gesammte Recht in zwei Jahren in den Kopf hinein zu bringen, ist unmöglich, und meine, daß, wenn ich in diesen 4 Semestern alles, was man gehört haben muß, hinter mir habe, ich zu Dir nach Hause komme, dort noch 1 Jahr repetire, und dann noch 1/2 Jahr der Mecklenburgica wegen nach Rostock gehe. Anders weiß ich keinen Vorschlag zu machen. Solltest Du aber mich nicht beim Studium der Jurisprudenz lassen wollen, so bitte ich Dich inständig, mich zum Landmann zu bestimmen und mir gleich eine Stelle auszumitteln, damit ich nicht nöthig habe nach Stavenhagen zu kommen.

Du meinst, daß Deine Briefe so sehr rasch gehen, sie gehen bis hieher 12 Tage. Dein Brief an den Herrn Professor Vangerow kam hier am 13. Januar an und der an mich am zweiten Weihnachtstage; dies kommt daher, daß dieselben, obgleich darauf stand: über Berlin, den Poststempel Hamburg hatten.

Ich habe mir einen regelmäßigen Plan* aufgesetzt und bin schon dabei ihn durchzuführen: Des Morgens um 6 Uhr stehe ich auf, arbeite bis 10 Uhr, gehe bis 12 darauf in's Colleg, von 12 bis 12½ wird gegessen und dann bis 2 gearbeitet, von 2 Uhr bis 3 ins Colleg und darauf gehe ich spazieren, wie lange ist unbestimmt, da dies vom Wetter und Bedürfniß abhängt, doch gewöhnlich nicht länger als Einer zu einer Meile bedarf, dann arbeite ich noch 2 oder 3 Stunden und die übrige Zeit wird gefeiert; daß hier natürlich, wie bei jedem Vorsatze, Störungen eintreten werden, ist wohl klar, doch das sind Ausnahmen, die von mir nicht herbeigeführt werden sollen, und jenes ist die Regel. Wenn ich diesen Vorsatz durchführe, was ich mit Bestimmtheit hoffe, so glaube ich den Anforderungen, die Du an mich machst, zu genügen und zugleich den Zweck meines Hierseins zu erreichen. Daß ich, um dies auszuführen, nüchtern bleiben muß, versteht sich von selbst.

Du schreibst in Deinem Briefe, ich sei gesund; dies ist scheinbar gewiß wahr, aber auch nur scheinbar, denn Unterleibsbeschwerden sieht man einem Menschen so leicht

* Der „feste Plan“ kehrt immer wieder, von der Schülerzeit an bis zur letzten Heidelberger Studentenzeit; doch dem Vater fehlt der Glaube daran — und auch nicht ohne Grund.

nicht an, und an denen leide ich sehr, woher es denn auch kommt, daß ich zuweilen höchst unglücklich bin; seit einigen Tagen bin ich bei weitem wohler und zur Arbeit geschickter.

Wir haben jetzt hier eine bedeutende Kälte, doch Schnee dabei, und ich will hoffen, daß dies letztere bei Euch auch der Fall ist, damit Deine Karden gedeckt sind. Einen so strengen Winter entsinnen sich die ältesten Leute hier nicht.

Lisettchen danke ich für ihren Brief und grüße sie herzlich und bitte sie, sie möchte mir die Geschichte von den Edelleuten erzählen, welche nächtlicher Weile einen Einbruch in ein Pachthaus gemacht haben; die Geschichte hat hier viel Sensation gemacht, da man sie hier für einen Ueberrest feudalistischen Unwesens hält, und uns Mecklenburgern hat es Mühe genug gekostet, die Ehre des Vaterlandes zu retten, wobei wir nicht immer die Wahrheit sagen konnten. Mit meinem Gelde werde ich auskommen, bis auf die Miethe, die ich von der Oster-Rate bezahlen muß; doch dies ist nicht zu verwundern, da der Winter stets das schlimmste Semester ist durch Holz und Licht (ich habe schon für circa 8 Thlr. Holz verbrannt); auch habe ich die Immatriculation und das theure Colleg bei Vangerow (33 Gulden) zahlen müssen. Lebe wohl, mein lieber Vater, und vertraue auf Deinen

F. Reuter.

Heidelberg, den 18. März 1841.

Mein lieber guter Vater!

Du hast mir auf meinen letzten Brief nicht geantwortet; zürnst Du denn so sehr auf mich, daß Du mich der Antwort nicht werth hältst; so arg als Du denkst, ist es nicht mit mir, freilich hätte ich mehr thun können, aber ich habe doch immer etwas gethan, und vieles darfst Du mir nicht zur Last legen; denn nimm es mir nicht übel, einen Fehler haben wir beide gemacht, nämlich den, daß ich noch ein halbes Jahr zu Hause geblieben bin, dann wäre Vieles nicht passirt und ich hätte mich eher an ein ordentliches Leben gewöhnen können. Aber laß das gut sein, es ist nicht alles hoffnungslos verloren. Ich habe mich durchaus wiedergefunden, wozu das schöne Wetter, eine gute Gesundheit und die Auffindung eines Freundes viel beigetragen haben. Tröste Dich doch und zürne mir nicht, ich will ja gern Jurist bleiben und durch Fleiß und Beharrlichkeit das Versäumte nachholen. Ich will Arbeit und Mühe nicht scheuen, um Dir Freude zu machen und mir eine feste Existenz zu verschaffen. Lisettchen hat an mich geschrieben und auch Jenning,* daß Du Dich so abhärmst um meinetwegen. Du bist ein Mann,

* Dr. jur. Jenning, sein Schwager, der Mann seiner älteren Schwester Lisette.

der im Leben nie die Hoffnung hat fahren lassen, ich aber bin oft sehr muthlos gewesen; aber jetzt habe ich Hoffnung und denke mit Gott, ein braver Mann und tüchtiger Jurist zu werden. Ich bin dieser Tage mit mir zu Rathe gegangen, ob ich wohl Lust und Kraft genug hätte mein Studium fortzusetzen, und habe gefunden, daß die Gründe, die Jenning anführte, überwiegend für das Studium der Jurisprudenz seien, und daß ich auch Lust und Kraft dazu in mir fühle; darum, lieber, guter Vater, spare Deine Besorgniß und sei überzeugt, daſt Dein Sohn noch nicht so tief gesunken ist, daß er die Stimme der Natur und der Ehre überhören könne, daß ich im Gegentheil Alles thun werde, was Dir Freude und mir Nutzen bringen werde. Aber nun bitte ich Dich auch dringend, beruhige Dich, ich will fleißig und sparsam sein, wie Dr. Jenning es war, ich will Alles thun, um den verruchten Dämon abzuschütteln, und will Dir zu Johannis ein Zeugniß von Mittermaier, bei dem ich Criminalrecht, und von Morpadt, bei dem ich deutsches Privatrecht hören will, mit dem Du wahrhaft zufrieden sein sollst, auch vom alten Zachariä, wenn er noch liest (Völker- oder Staatsrecht), will ich Dir eins bringen (obgleich ich diese beiden Collegia eigentlich zu schließen gedachte), und dann, wenn ich dies nicht thue, so nenne mich einen Schuft und nimm mich weg, aber verändere meine Laufbahn jetzt noch nicht, sonst bin ich verloren, sonst wird nie etwas aus mir. Sieh, daß ich Dir meinen Gemüthszustand und mein Thun und Treiben so wahrhaft und zu meinem Nachtheil geschildert habe, ist ja ein Beweis, daß ich das Gute will und daß ich Dich für meinen besten Freund halte.

Du wirst mir einwenden: Aber Du kannst ja diese Collegia, ohne die Pandecten zu kennen, nicht verstehen. Beim Criminalrecht bestreite ich dies, sowie auch beim Staats- und Völkerrecht; beim deutschen Privatrecht kann ich aber jedesmal die auf die Pandecten bezüglichen Stellen im corpus juris nachlesen, und dann habe ich ja auch etwas gethan und bis zum ersten Mai läßt sich ja auch noch etwas thun.

Mein Freund Wagner hat mich für die Osterferien zu sich eingeladen auf Verlangen seiner Eltern, die ich bei einem Besuche dort habe kennen lernen (ein alter liebenswürdiger Landpfarrer und eine sehr rüstige lebhafte Frau, deren Aeußeres dem Großmutters zu Parchim sehr ähnlich ist), und denen ich sehr gefallen habe, woran Du siehst, daß ich noch nicht so sehr versumpft bin, daß mich gute Leute nicht noch gern um sich haben; ich werde aber die Einladung ausschlagen, um während der Ferien mich allein mit den Pandecten zu beschäftigen. Auch einen Freiherrn Götz von Berlichingen, ein liebenswürdiger Mann und Nachkomme des alten Götz mit der eisernen Faust, habe ich kennen gelernt, der mir so gewogen ist, daß er mir einen Pfeifenkopf mit seinem Wappen und der Inschrift: Götz von Berlichingen seinem Fritz Reuter, geschenkt hat. Ich weiß nicht, ob ich Dir nicht hier ganz irrelevante Dinge mittheile, aber mir sind sie von Wichtigkeit, weil ich sehe, daß man mich nicht perhorrescirt.

Wir haben hier das schönste Wetter, gestern, glaube ich, hatten wir 14 Grad Wärme und diese Nacht das erste Gewitter. Die Mandelbäume und Schneeglöckchen und Veilchen blühen, die Winzer arbeiten im Weinberg und nehmen die Reben aus der Erde; bei Euch ist es wohl noch nicht so weit, da erst vor einigen Wochen die Elbe aufgegangen sein soll. Schreibe mir doch, wie es mit Deinen Karden geht, ich hoffe gut.

Und nun, lieber Vater, sei guthen Muths und vertraue mir, ich habe Dir viel Leid bereitet, es ist wohl an der Zeit, Dir Freude zu machen; wenn Du es willst, so will ich Dir alle 8 Tage an jedem Sonntagmorgen treuen Bericht über mein Thun und Lassen zukommen lassen, aber wenn ich dann einmal schreibe der Wahrheit getreu, daß ich im Fleiße nachgelassen habe, so mußt Du nicht gleich das Aergste vermuthen.

An Lisettchen und an Jenning werde ich ein paar Worte beilegen. Grüße Alle von Deinem Sohn

F. Reuter.

Heidelberg, den 18. März 1841.

Mein lieber Bruder!*

Zuvörderst meinen Glückwunsch zu Deiner jungen Vaterschaft und dann mein Beileid zu Deinem Durchfall; doch ich glaube über letzteren kannst Du Dich trösten, da es scheint, als ob man in Mecklenburg stets einen Durchfall erlitten haben muß, bevor man zu Stuhle kommt.

Doch jetzt ernsthaft. — Dein Brief ist mir sehr lieb und werth gewesen und hat mich in dem guten Vorsatz, den ich gefaßt hatte, befestigt, ja, er hat neue in mir hervorgerufen, nämlich den, mich mehr mit wahren Grundsätzen der Religion vertraut zu machen; ich bin freilich nie ein Verächter derselben gewesen; aber ich fühle, daß die Negative hier nicht genügt, denn ich habe zu häufig das Bedürfniß nach Trost gesucht und es nirgends gefunden, ich habe häufig die Bibel zur Hand genommen, bin aber stets zu allerlei Zweifeln gelangt, die ich vergebens mich abmühete zu lösen. Die moralische Tendenz der christlichen Religion habe ich begriffen, aber an ihren Mysterien bin ich stets gescheitert, und was ich früher in gläubiger Zuversicht nahm, ist mir nachher unverständlich geworden. Die Umgebungen, in denen ich mich befand, waren fast stets und mit

* Der Schwager Jenning.

alleiniger Ausnahme von Magdeburg der Art, daß mir keine Hülfe in dieser Sache werden konnte. Wäre ich doch nur 1/2 Jahr zu Hause geblieben, es wäre vieles anders geworden!

Was Ihr Euch aber von meiner inneren Zerrissenheit denkt, ist wohl etwas sehr übertrieben, freilich habe ich manche Stunde gehabt, in der ich mit mir und mit der ganzen Welt unzufrieden war; aber das geht wohl am Ende wo nicht allen, aber doch den meisten Menschen so; die Sache liegt in einer Anlage zur Hypochondrie, wonach ich zu einzelnen Stunden ausgelassen lustig und in anderen ungemein deprimirt bin, in dem Mangel an einer mir und meinem Zustande passenden Unterhaltung und in dem Bewußtsein, meine Zeit und meine Fähigkeiten schlecht angewandt zu haben; dies letztere ist aber noch keine Zerrissenheit zu nennen, sondern vielmehr Reue.

Deine Gründe zum Fortsetzen des Studiums sind für mich überzeugend, und wenn Du mir dieselben auch nicht so eindringlich vorgestellt hättest, so würde ich doch meinen Vater gebeten haben, mich fortstudiren zu lassen. Daß Du Dir Vorwürfe darüber machst, dazu gerathen zu haben, zeugt von Deiner großen Gewissenhaftigkeit; aber, lieber Bruder, sie ist zu groß; es war meines Vaters Wunsch und am Ende auch der meine, ich scheuete mich aber wieder auf Universitäten zu gehen und hatte mir ein Bild geschaffen, nach welchem ich das

Geschäft meines Vaters einst übernehmen wollte; dies sollte nicht sein und damit Punctum.

Daß ich das Studium der Jurisprudenz mit Eifer durchführen werde und die Absicht habe, das Versäumte einzuholen, kannst Du mir glauben; daß es mir sehr schwer werden wird, glaube mir ebenfalls, aber ich denke, was so Viele können, kannst du auch, und so wird Gott mir wohl beistehen, das Ding zu Ende zu führen.

Grüße Deine liebe Frau und Dein klein Mädchen vielmal von mir und lebe wohl. Dein

F. Reuter.

Heidelberg, den 18. April 1841.

Mein lieber Vater!

Dein letzter Brief ist so voll von gütiger Verzeihung, daß er in mir das lebhafteste Dankgefühl erregt hat. Meine Versuche sind nicht blos Versuche geblieben, indem ich mit einem anderen Studenten von Anfang an die Pandecten zu repetiren angefangen habe. Du wunderst Dich in Deinem Briefe, daß ich Völker- und Staatsrecht hören will, ich glaube Dir das, aber ich habe gehört, daß man in Rostock bei dem Examen schon einige Candidaten juris abgewiesen hat, weil sie kein Testat über diese Collegia beibringen konnten, ferner muß ich als Grund anführen, daß es der alte Zachariä liest, der wahrscheinlich hiermit seine Laufbahn als akademischer Lehrer beschließt; und vor allem gilt der Grund, daß das Collegium um 6 Uhr Morgens gelesen wird und ich also nothwendig zeitig aufstehen muß. (Du kennst ja meine frühere Schwäche.) Meine Arbeiten würden besser von Statten gehen, wenn das Compendium von Vangerow schon herausgekommen wäre; da fehlt aber noch das ganze Obligationenrecht und die Hälfte des Erbrechts, und so muß ich mich mit anderen Compendien behelfen.

Was die geistigen Getränke anbetrifft, so habe ich Wort gehalten; aber man kommt doch in die Lage, wo es absurd sein würde, wenn man nicht ein Glas Wein trinkt; so war ich neulich bei meinem Freunde W. in A. und mußte Wein trinken; daß ich mich dort nicht betrunken habe, kannst Du mir natürlich glauben. Ist es Zeitverschwendung, wenn ich Dir es melde, daß ich den p. W. gezeichnet habe und auch die Absicht habe, seine beiden Eltern zu zeichnen; ich glaube, Du wirst dies als eine kleine Pandecten-Recreation ansehen. Da ich jetzt noch einmal auf die Pandecten komme, so will ich Dir in Betreff der Institutionen sagen, daß ich durchaus mich nicht scheuen würde, sie zu hören, aber wahrscheinlich werden sie mit dem deutschen Privatrecht in einer und derselben Stunde gelesen; doch vielleicht werde ich Rechtsgeschichte bei Vangerow hören, da dieselbe ausgezeichnet sein soll.

Wenn Du mir Geld jetzt senden kannst, so ist mir

dies sehr lieb; übrigens billige ich die Einrichtung, die Du in den Terminen getroffen hast, ganz und überlasse dies ganz Deinem Gutachten. Du wirst selbst einsehen, daß das Winterhalbjahr durch Holz, Licht, Immatriculation, Pandectenvorlesungen, Compendium und corpus juris sehr theuer mir geworden ist, so daß ich den Sommer über 30 Gulden ersparen muß, um Miethe zu bezahlen.

Es dauert mich sehr, daß Du so viel Unglück mit Deinen Pflanzungen gehabt hast, hier ist der Winter freilich auch ungewöhnlich strenge gewesen, doch dafür ist der Frühling ausgezeichnet; die Kirschbäume haben vor 14 Tagen geblüht und die Birnbäume blühen jetzt; auf unsern Tisch kommen Spargel und allerlei Salat, und der Weinstock fängt an zu grünen.

Meiner lieben guten Lisette meinen herzlichsten Dank für ihre Liebe und Fürsorge. Ich möchte ihr, lieber als mir, das Glück gönnen, in dieser Jahreszeit in Heidelberg zu sein, es ist hier wunderschön; heut Nachmittag steig ich auf den Kaiserstuhl hinauf (2000 Fuß) und sehe mir von dort Straßburg und das Jura-Gebirge an; in einer ebenen Gegend läßt sich solche Aussicht fast gar nicht begreifen.

Nun lebe wohl, mein guter Vater, und schreibe mir freundlich wieder; was Dir im letzten Briefe versprochen ist, wird gehalten werden von Deinem Sohn

F. Reuter.

Heidelberg, den 1. Juni 1841.

Mein lieber Vater!

Den Brief, den ich gestern von Dir empfangen habe, betrachte ich nicht als einen Vorwurf von Deiner Seite; sondern vielmehr als einen Beweis Deiner väterlichen Liebe, und wenn auch einige Stellen desselben mir in dem ersten Augenblick zu hart erschienen, so sind sie mir durch die gute Absicht, die sich darin ausspricht, bei ruhigerem Nachdenken dennoch zu Herzen gegangen und haben keine Bitterkeit zurückgelassen. Sollte ich mich wieder vergessen, so werde ich selbst bei Dir darauf antragen, daß Du mich in eine der erwähnten Anstalten bringen mögest; freilich werde ich es nicht lange aushalten, doch glaube ich, daß es besser für mich ist; freilich werde ich mich dann nie wieder in meinem Vaterlande sehen lassen können, doch glaube ich, daß es besser ist, im Exil fern von Dir und den Deinigen zu leben, als Euch zu Hause Schande zu machen. Aber wenn ich nun vielleicht Jahre lang in einer solchen Anstalt gelebt habe, wenn meine Gesundheit noch mehr zerrüttet ist, was soll ich dann anfangen? Jura studiren? Nein, das gewiß nicht! Was dann? Ich weiß es nicht, und wohl keiner weiß es. Was der Herr von der K. Dir gesagt hat, kann er wohl von einem meiner genaueren Bekannten nicht erfahren haben; oder, lieber Vater, Du verzeihest mir meinen Verdacht, hast Du Dich vielleicht selbst an einen derselben gewendet? Gut! so wende Dich doch jetzt an denselben Berichterstatter und vernimm von ihm, daß ich regelmäßig ins Colleg gehe, daß ich nüchtern lebe und daß ich die Liebe meiner Bekannten habe; über meinen Privatfleiß können meine Freunde weniger urtheilen, da es hier, was sehr zu loben ist, nicht Mode ist häufig Stubenbesuche zu machen und man sich daher, wie in ganz Süddeutschland, nur an öffentlichen Orten oder bei Tische trifft. Doch genug hiervon und nur noch die Bitte, daß Du in Deinem nächsten Briefe diese Sache als abgemacht betrachten mögest. Schreiben hätte ich allerdings früher können und müssen, ich glaubte jedoch, daß Du nicht so sehr mehr für mich besorgt seiest, und wollte auch erst ein Urtheil über meine Collegia haben, um Dir dies dann mitzutheilen.

Ich habe bei Mittermaier das Criminalrecht belegt und bei Morstadt das deutsche Privatrecht (die beiden Belegscheine folgen Deinem früheren Wunsche gemäß hier bei). Die Collegia sind respective den 3. und 5. Mai angegangen und haben jetzt während der Pfingstferien eine Unterbrechung erlitten. Bei dem alten Zachariä höre ich von 6—7 Morgens Völkerrecht und allgemeines Staatsrecht, werde, wenn es irgend möglich ist, auch noch das deutsche Staatsrecht bei ihm hören, habe es jedoch nicht belegt und kann es daher auch nicht testirt erhalten; außerdem höre ich noch ein

Publicum bei Morstadt über Handels- und Wechselrecht, welches mir sehr vortheilhaft scheint. Ueberhaupt sind diese Collegia sehr interessant, und wenn das deutsche Privatrecht auch an sich etwas trocken ist, so macht die lebendige Art des Vortrags und die vielen Beispiele, welche Morstadt giebt, die Gegenstände freundlicher und eindringlicher. Obgleich mir Jenning einmal sagte, daß Mittermaier kein besonderer Criminalist sei, so muß ich doch und wie alle hiesigen Studirenden behaupten, daß er der gefeiertste von allen Professoren ist, vielleicht mit Ausnahme Vangerow's, der ihm den Rang abzulaufen droht. Privatim beschäftige ich mich mit den Pandecten, die ich nach Mühlenbruch und Vangerow studire.

Wenn es Dir möglich ist, so sende mir doch das Geld, ich komme sonst in Verlegenheit. Wir haben hier das köstlichste Wetter, aber man klagt sehr über Dürre; es ist überhaupt hier so heiß wie in einem Treibhaus; denke Dir, im Schatten haben wir 28° Reaumur gehabt und vor 14 Tagen haben wir schon Kirschen gegessen.

Lebe wohl, lieber Vater, und denke mit Liebe an Deinen Sohn F. Reuter.

Grüße Lisettchen und Sophie.

* *
*

Damit endet die Reihe der Heidelberger Briefe, soweit solche dem Herausgeber vorgelegen haben. Abgeschlossen möge dieselbe durch einen, wenn auch dem Datum nach etwas zurückreichenden, Brief des Bürgermeisters Reuter werden. Dieser Brief gewährt einen ergänzenden Ueberblick über die ganze Heidelberger Zeit und klingt gleichsam als eine feierliche Kundgebung, als ein Testament aus, darin der Vater noch einmal alle seine ernst und reiflich erwogenen Pläne und Ziele für die gesicherte Zukunft seines Sohnes auf Grund dessen Eigenart und aller in Betracht kommenden Umstände von Anfang bis Ende auseinandersetzt und niederlegt. Anfänglich gewiß zu eigenmächtig, doch immer in guter Absicht und nach bester Einsicht auf seinem Willen bestehend, weicht dieser Eigenwille doch immer mehr einer entgegenkommenden Nachgiebigkeit unter den Wunsch und Willen seines Sohnes. Es ist keine Rede mehr von väterlicher Gewalt, von Zwang und eigenmächtiger Bestimmung; ein feierlicher Wille spricht aus ihm, den Weg zu seinem Lebensglücke in des Sohnes eigne Hand zu legen, soweit ihm ein bescheidenes Glück überhaupt noch erreichbar erscheint. Er stellt ihn vor seine eigene Entscheidung und gewährt ihm unter Beistand von Rath und That alle verfügbaren Mittel zur Begründung einer gesicherten Zukunft, freilich unter der unerläßlichen Bedingung und Voraussetzung ernsten festen Willens und Ausharrens in Fleiß und Arbeit. Wodurch auch könnte er ihm besser die rettende und helfende Vaterhand reichen? Noch einmal bittet er ernst und eindringlich, noch einmal ruft er seinen Sohn an aus sorgendem Vaterherzen, in seinem Tone fest, wahr und überzeugend! Dem gegenüber werden, wie schon des Oefteren hervorgehoben worden, alle mehr oder minder versteckten Unterschiebungen und Verstellungen, welche sich gegen die Handlungen und den Charakter dieses

Mannes wenig schicklich hervorgewagt haben, verstummen müssen. Und Keiner hat weniger Theil daran, als sein Sohn, Fritz Reuter, selbst, der nur von „seinem alten, guten Vater" weiß und spricht; nur Dank und Ehrerbietung für ihn im Herzen trägt, nur Selbstanklage, eigenen Vorwurf und eigene Schuld kennt, darum einen nur immer schwereren Kampf gegen sich selbst kämpft und im Unterliegen unter demselben sich immer schwerer niedergedrückt und belastet fühlt.

Aber kämpfen mit ganzer Kraft und ganzem Willen, ist That, und ist eine That, die schwerer wiegt, als manche blendende That mit kleinem oder gar keinem Einsatze. Tragisch ist das Schicksal Beider; aber Beide sind uns ehrenwerth, und Fritz Reuter, so viel Widerspruch auch in Vorsatz und Ausführung, in Wort und That, in dem Auf und Ab seiner Stimmung und Willenskraft, in dem höchsten sittlichen Aufschwunge und den dunkelsten Abgrundstiefen in ihm liegt, bleibt dennoch unser Fritz Reuter, ganz unserer Liebe werth.

Stavenhagen, den 17. Februar 1841.

Mein lieber Fritz!

So nenne ich Dich und rede ich Dich an aus Vorbedacht und Ueberlegung, aber ich kann es nicht verhehlen — nicht aus freundlicher Neigung. Kann es auch anders sein? ich habe Dir unter'm 19. Dezember und 16. Januar fast umgehend auf Deine beiden Briefe de 14. Dezbr. und 7. Januar geantwortet, und Du, abgehalten durch nichts, antwortest mir endlich erst auf meine obigen Briefe, sowie auf den vom 31. Dezbr.

unter'm 31. Januar. Dein Schreiben vom 14. Dezbr. ist überdies nicht mit der Aufrichtigkeit, die Du mir schuldest, verfaßt. Wozu das? Hättest Du mir geschrieben, ich bin in eine Balgerei gerathen und habe einen Schlag über den Arm erhalten; so wäre das doch besser gewesen, als wenn ich dies erst jetzt nur durch Hörensagen von dritten Personen erfahre, denn ich habe es — Gott sei mein Zeuge — für Dich, einen 30jährigen Mann zu unwürdig gehalten, mich durch Relationen Anderer über Dein Thun und Lassen zu informiren. Ich bin dazu — so hättest Du sagen können, und Gott gebe es, daß dem so sei — ohne mein Verschulden gekommen. Das würde mein Vertrauen zu Dir nicht vermindert, sondern erhalten haben.

Der Herr Professor von Vangerow, dessen adlige Abstammung mir nicht bekannt war, und den ich daher blos Vangerow nannte, hat mir auf meine sehnliche Bitte nicht einmal geantwortet. Die günstigste Erklärung für Dich dieses ungünstigsten Erfolges ist die, daß der Mann sich dadurch verletzt gefühlt haben mag.

Mit Deinem Schreiben de 31. Januar durfte ich nun endlich die Versicherung erwarten, daß Du meine inständigen Bitten seit Empfang meiner Briefe erfüllt habest, d. h. die Versicherung, daß Du ganz unausgesetzt Deine Collegia oder Collegium besuchst und mit dem größten Fleiße und Selbststudium das nachzuholen angefangen habest, was Du versäumt hast. Da erhalte ich nun wieder mehr nicht, als die Nachricht, daß Du Dir einen Plan aufgesetzt und schon dabei seiest, ihn durchzuführen. Wahrlich, es ist doch etwas spät für einen 30jährigen Mann, der im November sein Studium begann, sich am 31. Januar einen Plan zu entwerfen. Damit Du Dich durch nichts entschuldigen könnest, durch nichts abgehalten werdest, Deinen Zwecken zu leben, hatte ich nichts eiliger zu thun, als Dir, nachdem Du das Dir reichlich mitgegebene Geld in Quedlinburg gelassen, das zu Deinem sorgenfreien Aufenthalt in H. erforderliche Geld nochmals zu übersenden, und wie hast Du nun meine väterliche Nachsicht und Güte bisher vergolten! Beantworte Dir das selbst; — — —

Diese traurigen Erfolge Deines Aufenthalts in Heidelberg, sind sie nicht die nämlichen, wie die in Rostock und in Jena? — — — — davon überzeuge ich mich immer mehr, daß Dir nicht zu helfen steht, obgleich ich es so herzlich, herzlich gerne möchte, und ich sehe leider ein, daß die Wahrscheinlichkeit, Dir zu helfen, immer mehr schwindet. — — — —

Du schreibst mir: Willst Du mich nun also hier lassen, so wünsche ich, wenn ich im 4. Semester alles was man gehört haben muß, hinter mir habe, ein Jahr bei Dir zu repetiren, und dann noch ein halb Jahr Mecklenburgica zu hören. Anders weiß ich keinen Vorschlag zu machen. — Ferner schreibst Du: Solltest Du mich nicht beim Studium der Jurisprudenz lassen wollen, so bitte ich inständig, mich zum Landmann zu bestimmen.

Was den ersten Vorschlag anbetrifft, so wäre es ja unvernünftig, wenn ich ihn nicht genehmigen wollte, sobald praemitteria nur erfüllt sein werden, ja ich würde, falls Du von Ostern d. J. an noch zwei volle Jahre dort bleiben wolltest, dies herzlich gerne genehmigen, und dann dich noch überdies hier gerne ½ Jahr oder 1 Jahr bei mir aufnehmen und dich später noch ½ Jahr nach Rostock gehen lassen. Solltest Du aber, was leider bisher geschehen ist, Deinen Zwecken während der nächstfolgenden 2 Jahre nicht nachleben, und nicht nachgelebt haben, Dich blos Studirens halber, nach wie vor, dort aufhalten, — — weder Collegia gehörig und fleißig besuchen, noch weniger besonders Selbststudium anwenden, — — — hier nur dann erst studiren wollen, das kann zu nichts führen, das ist dann zu spät, das weißt Du am besten aus der betrübten Erfahrung, die Du nach Deinem unglückseligen Aufenthalt in Jena hier während des halben Jahres Ostern 1833 bis dahin Michaelis in meinem Hause gemacht hast. Ich freute mich über den guten Anfang, den Du mit dem studio der Institutionen nach Hoepfner Commentar machtest, aber welch ein betrübtes Ende nahm die Sache! — — — —

Dergleichen muß ich nicht wieder erleben. Dagegen wirst Du mir herzlich willkommen sein, wenn Du zu mir nach 1½ oder 2 Jahren zurückkehrst und mir sagst: Vater, — — — ich habe was Tüchtiges gelernt; hier bin ich, examinire mich, oder laß mich examiniren, um Dich zu überzeugen, daß ich als ein tüchtiger Mann meine Zeit und Dein Geld verwendet habe. — Dies Examen namentlich durch einen Dritten bedinge ich, — sowie ich wiederhole, daß ich das bisher im Nichtsthun vergeudete halbe Jahr gar nicht rechnen will. Hierdurch siehst Du nun, daß ich herzlich gerne Alles thun will, damit Du Jura tüchtig studirst, daß aber von einem „Dabeilassenwollen" oder „Nichtdabeilassenwollen" gar nicht die Rede sein kann, denn womit noch nicht der Anfang gemacht ist, kann von einem Belassen nicht die Rede sein.

Willst und kannst Du Dich aber nicht überwinden — prüfe das ja ruhig und ernstlich — das trockne Studium der Jurisprudenz zu betreiben, so magst Du immer Landmann jetzt schon werden. Das habe ich Dir ja bei Deiner letzten Anwesenheit hieselbst auch freigelassen, wenn ich auch dagegen dringend und mit Wärme widerrathen habe und widerrathen müssen, weil ich mich schlechterdings nicht davon überzeugen kann, daß Du die Einförmigkeit der Lebensart und des Geschäfts, die Behandlung als Untergebener, selbst als Schreiber und Inspector erträglich finden wirst. Zahle ich auch für Dich als Lehrling eine Pension, so dürfte Dir doch schwerlich ein anderer, als der letzte Platz bei

Tisch und wo es auch sonst sei, angewiesen werden, mehr oder weniger wirst Du als Domestik betrachtet und behandelt und Dein größter Fleiß und Thätigkeit wird Dir als Schreiber mit 50 Thlr., als Inspector mit seltner Ausnahme mit 150 Thlr. bezahlt, während Du dem Herrn jährlich mehrere Tausende, ja viele Tausende vielleicht, erwirbst. Woher wirst Du denn diese Beharrlichkeit, diese unausgesetzte Thätigkeit, diese Entsagung auf so Vieles, woran Du jetzt gar nicht denkst, hernehmen, woher die Selbstbeherrschung, mit fremdem Gut treu umzugehen, Du, der Du mit Deinem eignen Gute so verschwenderisch haushältst?

Nun, Du wirst Dich selbst etabliren und zufrieden mit wenigem als glücklicher Familienvater leben. Ganz gut, mein Sohn, aber woher die Mittel nehmen? Eine Büdnerei, wo der Besitzer sich vom Graben und Roden und Dreschen, der Hauptsache nach, ernährt, kostet jetzt 1200 bis 1600 Thlr. und eine Pachtung von mittler Größe 12000 bis 16000 Thlr. Diese Mittel kann ich Dir nach dem jetzigen Stande meines Vermögens nur dem geringsten Theile nach schaffen, womit Du also nichts anfangen kannst. Mit diesem kannst Du aber, bist Du fleißig und sparsam, Dein Studium absolviren und als Advokat oder Richter Dir Dein anständiges, wenngleich saures Brod erwerben für Dich und eine Familie.

— — — — — — — — — — — — — — — — —

Widerrathe ich Dir also hiedurch nochmals gar sehr die Landmann-Carriere, so verspreche ich Dir doch, falls Du sie wählst, daß ich Dich gerne, soviel ich das kann, bei einem tüchtigen Landmanne unterbringen, und gerne für Dich während des ersten Jahres eine Pension bezahlen will. Auch will ich, falls Du Dich brav aufführst, für Dein Fortkommen und Etablissement, wenn mir Gott Leben und Glück giebt, sorgen und thun, so viel ich kann, durch baare Zahlung, aber nochmals gesagt, so viel ich das kann, und ohne meine übrigen Kinder dadurch zu verletzen, oder gar mich und Dich durch Deine sch... Verschwendungen zu Grunde richten zu lassen.

Meine Grundstücke hieselbst sind höchstens werth rc. — — — —; mache Dir aber keine Hoffnung darauf, daß Du jemals in den Besitz meiner hiesigen Anlagen kommen kannst und kommen wirst, denn zwei Familien werden kaum davon leben können, weniger noch drei. Du passest auch nicht zu dem darin etablirten Gewerbe, sowie überhaupt nicht zum Landmann und Gewerbsmann, da es Dir an Beharrlichkeit und Fleiß dazu fehlt. Ich verdanke es Ernst, daß die Brauerei in guten Gang gekommen, und Lisettens Bienenfleiß und Treue bin ich es schuldig, für sie zu thun, was ich kann. Ich kann nicht dafür, daß Du mir nicht hast folgen wollen; ich habe Dich unendlich viel gebeten und ermahnt; hättest Du nur einigen billigen

Fleiß angewendet, so hätte Dir meine Adjunction nicht gefehlt und wir wären alle höchst gut versorgt gewesen. Es bleibt mir nichts anders übrig, als für Dich noch jetzt zu thun, was ich neben Erhaltung meiner übrigen Kinder für Dich thun kann.

Sieh dies an als mein wohlüberlegtes Testament. — — — — Möchte doch der allgütige Gott mir die Freude geben, daß Du — — fleißig und thätig werdest, und daß ich in meinen noch kräftigen Lebensjahren so viel Glück hätte, daß ich Dir mehr hinterlassen, oder Dir noch bei meinem Leben zur Einrichtung Deines Etablissements das Erforderliche geben könnte; möge er es verhüten, daß ich in meinem Vermögen zurückkomme und noch mehr schuldig werde, wo ich Dir denn auch natürlich keine Hoffnung geben kann. Viel wird zu einem bessern Erfolge und zur Vermeidung meines Zurückkommens dies beitragen: wenn ich mich der Freude hingeben kann, daß Du ein fleißiger, sparsamer und maßvoller Mann geworden, und ich nicht nöthig habe, wie seit fast 20 Jahren, unnütz zu bitten und zu ermahnen und doch nichts erreiche.

Melde mir nun binnen acht Tagen nach Empfang dieses, welchen Entschluß Du gefaßt habest, ob Du ferner dableiben und studiren, oder ob Du Landmann werden willst. Im ersten Falle erwarte ich die Versicherung, — — — — daß Du Deine Collegia vom Februar an ununterbrochen besucht und Selbststudium angewendet habest; ich erwarte ferner, daß Du diese Versicherung künftig von 4 Wochen zu 4 Wochen ehrlich wiederholst; ich werde Dir dann zu Ostern die Hälfte übersenden — — — —, Du mußt mit 300 Thlr. Geld ein für alles auskommen.

Bevor Du dann aber gegen Johannis von mir wieder Geld erhältst, mußt Du mir eine Bescheinigung übersenden, daß Du Deine betreffenden Collegia ununterbrochen und unausgesetzt fleißig gehört habest. Diese Bescheinigungen werden Dir die Professoren, bei welchen Du hörst, gerne geben, so bald Du sie offen und frei mit dem bisherigen bekannt machst und sie darum ersuchst.

Solltest Du aber vorziehen, Landmann zu werden, so melde mir das ebenfalls binnen acht Tagen nach Empfang dieses und dabei zugleich

1) wie viel Geld ich Dir übersenden muß, um das, was Du noch schuldig bist, zu bezahlen,

2) wie viel Geld Du zur Zurückreise auf dem möglichst wohlfeilsten Wege brauchst,

ad 1) erwarte ich die reine Wahrheit, — — — —

ad 2) mußt Du mir bemerken, wohin ich dies Geld in einzelnen Quoten und an wen ich es übersenden soll, z. B. nach Mannheim, Frankfurt, Kassel u. s. w., und an wen.

— — — — — — — — — — — — — — —

Solltest Du Dich gekränkt fühlen durch diese meine

Bestimmungen, so bedenke, daß ich durch bittere Erfahrungen dazu veranlaßt bin; — — — —

Solltest Du Landmann werden wollen, so will ich auf Deinen Wunsch, nicht erst nach Stavenhagen zu kommen, — — — den Umständen nach Rücksicht nehmen; — — — aber versprechen kann ich Dir darüber nichts, und Du wirst bedenken, daß ich zu thun haben werde, Dich unterzubringen, da man gegen Dich eingenommen sein wird und es jetzt der Lehrlinge und nicht in Funktion stehenden Schreiber so viele giebt, daß z. B. Dr. G. für seinen ganz untadelhaften Neffen in den Intelligenzblättern eine baare Zulage für Beköstigung offerirt, obgleich er die Landwirthschaft beinahe zwei Jahre lang mit Erfolg erlernt und sich untadelhaft aufgeführt hat.

Daß Deine sonst so eiserne Gesundheit nicht mehr so ist, als früher, ist betrübt; — — — das beste Mittel zur Wiederherstellung wird in Deinen Jahren wahrscheinlich dies sein, — — — daß Du in allen Dingen mäßig bist und zu arbeiten anfängst, Dir dadurch innern Frieden und das über alles werthe Gefühl, Deine Pflicht erfüllt zu haben, erwirbst.

Ich wiederhole, mein lieber Sohn, daß Du viel verloren hast, aber noch Alles gewinnen kannst, wenn Du n u r w i l l s t und als ein vernünftiger Mann h a n d e l s t.

Ich sehe Deiner Antwort entgegen, sobald es sein kann.

Dein treuer Vater.

Wir haben schon gesehen, wie unerwartet schnell die Heidelberger Zeit endet. Nicht auf den Wunsch, sondern auf den Befehl des Vaters kehrt Fritz Reuter im Frühjahr 1841 aus der sonnigen Neckarstadt in seine nordische Heimath zurück. Aufs Neue wieder läßt er alle Brücken abgebrochen hinter sich, und wieder liegt „ne trostlose Gegend" vor ihm. Welcher Weg ist nun der rechte? Er geht unter der Zustimmung des Vaters den Weg nach Jabel, zu seinem lieben Oheim Pastor Reuter, um in dem weltentlegenen Pfarrhause unter dem geistigen Einflusse dieses vortrefflichen, kerngesunden Mannes, der seine volle Liebe und sein ganzes Vertrauen besitzt, und seines engelmilden Weibes sich selbst wiederzufinden, „de afquälte Minschenseel" und „de Leiw, de verluren gahn was", wieder aufzurichten und genesen zu lassen.

Und der Weg war der rechte. Nicht glatt gestrichen und gerade gescheitelt, auf hundert Schritt erkennbar als ein besonderer Mensch unter und über den gewöhnlichen Sterblichen; nicht mit salbungsvollem Munde und leerem Herzen, den Stein in der Hand und den Hochmuth in der Seele, kein Buchstabenknecht, sondern ein Mann in Wort und That mit klarem, freiem geistigen Blicke, gerade, frisch, ehrlich, ja, kraus und steifnackig und immer kampfgerüstet zu einem guten Kampfe, immer ein Mensch mit und unter Menschen, in dessen Hand der arme, sündige und fehlende Mensch nicht weniger wog, als der Gerechte oder gar der Selbstgerechte, so war dieser prächtige Mann, wie mit ihm mancher Pastor der damaligen Zeit; und er war, mit seinem Weibe zur Seite, der rechte Mann, um den Mühseligen und Beladenen, der hülfesuchend zu ihm kam, hülfreich aufzurichten.

Der abgequälte Mann fand sich und seine verlorene Liebe denn auch wieder in diesem echten „Pfarrhause von Grünau". Aber seine Liebe war ja niemals verloren gewesen trotz der „säben Johr" und trotz alles dämonenhaften, ihn niederringenden Kampfes. Seines Herzens Kraft, die ihm alle Welt gewann, war mächtiger als alle niederzwingende Gewalt; und sobald nur der warme Hauch des Pfarrhauses über sie hinging, war sie wieder da, die Kraft und Liebe seines Herzens, wie das Frühlingsveilchen, das sein blaues Auge zum Himmel aufschlägt, sobald der Himmel es aufgeküßt hat aus seiner Eisesstarre.

Noch einige Wochen, nachdem der Vater die fernere Gestaltung seiner Zukunft seiner freien Wahl überlassen, zögert Fritz Reuter mit seiner Entscheidung und kann aus dem Schwanken zu keinem festen Entschlusse kommen; auch in Jabel überlegt er noch weiter, bis er endlich Pandecten und Institutionen nun für immer über Bord wirft und einer neuen Lebensbahn, „der Stromtid", für welche er immer Vorliebe gehabt, entgegensteuert. Wie aber der Bürgermeister Reuter wieder richtig vorhergesehen, ist für das neue Fahrzeug nicht gleich ein sicherer Hafen, für Knotenstock und Stulpen nicht so leicht, wie für Schnürrock und Cerevis, ein Unterkommen gewonnen; es verstreicht noch eine geraume Zeit und es mißlingt noch mancher Versuch, bis er als Genosse von „Unkel Bräsig" und „Fritzing Triddelfitz" in die Lehrlingschaft der „Klutenpedder" aufgenommen wird.

So treibt denn sein Lebensschifflein mit seinen dreißig Lebensjahren in die „Stromtid" ein. Zwar ist's schließlich keine Stromtid, wie er sie nun wirklich glaubte gefunden zu haben; diese zerstäubt wieder wie ein nebelhaftes Trugbild, — aber eine Stromtid wird's für sein ganzes Volk, eine Zeit, die auch ihn endlich in den Hafen des Friedens führt und für sein Volk zu einem unvergänglichen Quickborn wird.

Noch aber leuchten ihm und seinem Vater solche Sterne nicht; wohin sie beide blicken, ist's dunkel, und wohin sie den Fuß setzen, schreiten sie noch immer durch

„ne trostlose Gegend“, und auf dem Wege von dem Einen zum Anderen wachsen auch ferner nur Diesteln und Dornen.

Mit den wenigen Briefen, die aus dieser Zeit noch vorliegen, schließt denn auch unser Geleite an der Hand der Briefsammlung ab, ohne leider statt des Diestel- und Dornenweges noch einen freundlichen, versöhnenden Rosenweg schauen zu lassen.

Jabel, den 23. Juli 1841.

Lieber Vater!

Wenn mein Brief unter den obwaltenden Umständen nur sehr kurz und flüchtig wird, so darfst Du mir die Schuld weniger anrechnen, als dem Umstand, daß ich soeben erst erfahre, daß ein Wagen über Stavenhagen nach Demmin geschickt wird. Die vollständige Beantwortung Deines Briefes erfolgt daher erst später. Hier führe ich nur die Versicherung meiner vollständigen Ergebung in Deinen Willen und der vollkommensten Gesundheit an, mit der vorläufigen Bitte, den Plan, mich nach Stavenhagen zu nehmen, noch nicht bestimmt zu fassen und mit mir vorher so viel Nachsicht zu haben, mir die Gelegenheit zu geben, erst etwas besser in der Gesellschaft auftreten zu können, als es jetzt der Fall sein könnte. Das ganze Haus ist hier voller Fremden aus Berlin und alles wimmelt voll Kinder.*

* Der schon öfter in den Briefen erwähnte Vetter Marggraff pflegte alljährlich während der Sommerferien mit seiner

In den nächsten ruhigen Tagen werde ich ausführlich meine Wünsche und Hoffnungen in Betreff meiner Zukunft an Dein Herz legen. Grüße Lisettchen und verzeihe Deinem F. Reuter.

Dieser Brief trägt folgende Nachschrift von dem Pastor Reuter:

Ich habe, lieber Bruder, das ganze Haus von unten bis oben voll Berliner und bin überdies beim Roggen-Mähen. Entschuldige daher, wenn ich diese Gelegenheit nicht benutze, um Dir über Fritz zu berichten; ich erspare und verschiebe dies auch noch absichtlich, um durch längere Beobachtung ein reiferes Urtheil über sein bisheriges Verhalten erlangen zu können. Bisher ist sein gesammtes Auftreten hier musterhaft. Dein R.

Jabel, den 1. August 1811.

Mein lieber Vater!

Die Besuche hier in Jabel und ein Besuch, den ich in Malchow* gemacht habe, haben mich gehindert, so

vielköpfigen Familie, oft noch mit Anschluß etlicher junger Hausfreunde, über das mecklenburgische Land „Heuschrecken gleich“, wie Fritz Reuter diesen Schwarm besungen, von einem Verwandten zum anderen auszuschwärmen. Solche Schwarmbesuche und unbeschränkt gewährte wie erwiderte Gastfreiheit war nur möglich in jenen einfach patriarchalischen, unwiederbringlich verlorenen Zeiten.

* Kloster Malchow, Stammsitz der Familie Engel.

bald zu schreiben, als ich es mir vorgenommen hatte; doch jetzt ist hier alles ruhig und leer, und da heute Abend Ernst erwartet wird, so benutze ich die Gelegenheit, Dir auf Deinen Brief umständlichere Beantwortung zu geben, als es bisher geschehen ist.

Ich bin körperlich und geistig gesund und glaube, daß mir dies auch vom Oheim bezeugt werden kann und wird, und so wie das Laster selbst Dir gewiß in grelleren Farben, als recht ist, gemeldet worden ist, so sind es gewiß auch deren Folgen, über die ich Dich nochmals zu beruhigen bitte.

Der Oheim ist so gütig gewesen, mir bei Tische Wein anzubieten, und ich habe ihn angenommen, obgleich ich glaube, auch ohne denselben sehr gut fertig werden zu können; auch habe ich auf sein Anerbieten zuweilen von dem Stavenhäger Bier getrunken, doch ist auch dieses kein Bedürfniß für mich, und so kannst Du wohl versichert sein, daß ich mich dem Uebermaße nicht hingegeben habe und dazu auch keine Neigung habe. Sollte Dir dies nicht gut dünken, so schreibe es mir und ich werde damit abbrechen.

Der Entschluß, Landmann zu werden, wird Dir hoffentlich nicht unvermuthet kommen und Deine Zustimmung erhalten. Was soll ich anders angreifen? Vorher Landmesserei? Ich denke, dies ist nachher besser, wenn ich erst Landmann geworden bin, da die mathematischen Kenntnisse mir ja bleiben und ich nicht wissen kann, wie bald es mein Loos sein wird, mir durch dies Geschäft nur weiter zu helfen und sogar Dir von Nutzen in Deiner Wirthschaft zu werden. Dein Plan, mich nach Stavenhagen zu nehmen, stimmt, ich muß es gestehen, nicht mit meinen Wünschen und Hoffnungen, auch nicht mit meinem Vertrauen zu mir selbst überein, da dasselbe größer ist, als Du wahrscheinlich glaubst. Ich meine, wenn Du mich zu einem tüchtigen, nicht allzu rohen Landmanne gäbest und mich dort so lange ließest, als die Nothwendigkeit zu lernen forderte, so würde die fortwährende Beschäftigung und die gezwungene Abgeschlossenheit auf meine Gewohnheiten einen günstigen Eindruck machen und dieselbe zum Gegensatze der jetzigen umstimmen. In dieser neuen Lage kann ich mich unbefangen benehmen, ich kann das Geschehene, wenigstens nach außen hin, gänzlich von mir fortwerfen, während ich in Stavenhagen mit alten Bekanntschaften, mit alten Erinnerungen, mit alten und neuen Rücksichten zu kämpfen haben werde, die mir zugleich mit Vorwürfen, wenn sie auch nicht ausgesprochen sind, ungemein hemmend entgegentreten werden. Du wirst, wie Du es immer gethan hast, von mir verlangen, daß ich mich nicht zurückziehen soll, Du wirst Dir selbst ferner eine Gesellschaft gebildet haben, mit der ich umgehen *soll*, und eine andere, mit der ich *nicht* umgehen soll; wie schwer wird es mir werden, hierin Deinen Wünschen zu genügen, wie oft werde ich bei ihnen anstoßen! Aber vor allem wünsche ich es nicht um Deinetwillen, Du wirst in ewiger Spannung leben, und was Dir bei Anderen ganz in der Ordnung erscheint, wird Dir bei mir durchaus verwerflich erscheinen.

Ich glaube in diesen Punkten Recht zu haben, und stelle sie zugleich Deiner Beurtheilung anheim; willst Du es nicht, so muß ich mich natürlich durchaus in Deine Ansicht fügen und werde Dir unbedingt gehorchen; wie ich denn mir das Zeugniß redlicherweise geben kann, nie absichtlich Dir entgegen gewesen zu sein, noch die Absicht zu haben, es jemals zu sein. Nimm diesen Brief gütig auf und zürne mir nicht, daß ich gleich zu Anfange Wünsche hege, die Deinen Ansichten entgegen sind.

Der Oheim hat mir versprochen, Dir über diesen Gegenstand ebenfalls zu schreiben, und so will ich denn mich Eurem Urtheile überlassen.

Grüße Lisettchen vielmal von mir und gedenke Deines Sohnes F. Reuter.

Jabel, den 17. August 1841.

Mein lieber Vater!

Der Oheim sowohl als Lisette haben mir von Deinem Plane in Betreff des Herrn Merker in Roggenhagen gesprochen und ich habe natürlich ganz in denselben gewilligt und werde, sobald ich das Empfehlungsschreiben besitze, mich auf den Weg machen und ihn zur Annahme meiner zu bestimmen suchen. Es wird wohl gut sein, wenn Du mir meldetest, wie hoch ich denn in die Forderungen des Herrn Merker willigen kann und auf wie lange ich meinen Aufenthalt ausbedingen soll.

Ich danke für das Zeug zur Kleidung, welches ich durch Lisettchen erhalten habe und in Wahren machen lassen werde.

Lisettchen hat uns sehr durch ihren Besuch erfreut und mir die Nachricht von Deinem Wohlsein und zugleich die traurige Kunde von dem Uebelgerathen Deiner Früchte gebracht, eine Klage, die wohl allgemein ist, aber bei dem Preis Deiner Produkte Dich wohl doppelt trifft. Gesund sind wir alle.

Lisettchens Besuch ist so kurz, daß ich mich mit dem Schreiben nicht lange aufhalte und es vorziehe, durch dieselbe mündlich mit Dir in Conferenz zu treten. Darum lebe wohl und nimm den innigsten Dank Deines Sohnes F. Reuter.

Jabel, den 1. September 1841.

Mein lieber Vater!

Deinem Wunsche gemäß habe ich mich nach Roggenhagen auf den Weg gemacht und von Jabel Abschied genommen in der Meinung, nicht wieder dahin zurückzukehren. Meine Reise ging von hier auf der Post nach Wahren und von dort auf dieselbe Weise nach Brandenburg, wo ich die Nacht blieb oder bleiben mußte, um den anderen Tag mit der Post nach Friedland reisen zu können. Daselbst angekommen, besuchte ich ein paar vormalige Schulfreunde und von den Lehrern, die mir alle unbekannt waren, blos den Professor Schmidt, mit welchem zusammen ich den Turnplatz besuchte und mich noch einmal mit diesem Vergnügen unterhielt. Am andern Morgen ging ich zu Fuß nach Roggenhagen, wo ich den Herrn Merker auf dem Hofe beschäftigt antraf. Ich eröffnete ihm meine Anrede mit der Bemerkung, wer ich sei und weswegen ich komme, und überreichte mein Empfehlungsschreiben, mußte aber leider gleich bemerken, daß es wohl nichts werden würde, indem er ausrief: Mein lieber Herr Reuter, das ist sehr gut, und ich würde alles thun, um Ihnen zu dienen, aber ich habe keinen Platz für Sie in meiner Wirthschaft! Ich war der Meinung, das Wort „Platz" sollte sich auf die Beschränktheit seiner Wohnung beziehen, und erbot mich, mit dem geringsten Raum zufrieden sein zu wollen, so wie ich auch allen Prätensionen entsagen wolle. Jedoch, nachdem er das Empfehlungsschreiben gelesen hatte und sich sehr freundlich über dasselbe geäußert, mir auch mit vieler Zuvorkommenheit entgegenkam, erklärte er mir seine Meinung dabei, daß er mich nicht in seiner Wirthschaft unterbringen könne, weil er durch die Aufgebung der Lehstenschen Pachtung in der Nothwendigkeit sich befinde, 4 Leute zu halten (2 seiner Söhne, 1 Schreiber und einen Brudersohn) und er selbst sei der fünfte. Diese hätten jetzt nur kaumhin zu thun, und das bloße Zusehen könne mir nichts helfen. Ich versuchte freilich ihn dahin zu bestimmen, daß er mir noch keine definitive abschlägliche Antwort geben möge, jedoch das einzige, was ich erlangte, war, daß er mit Eifer für eine andere Stelle sich zu verwenden versprach, wobei er mir öfters wiederholte, ich möge dies ja nicht als leere Worte betrachten, indem das Empfehlungsschreiben des Herrn Landdrost von Lowtzow sowie auch der Wunsch, Dir und mir gefällig zu sein, ihn dazu bestimmten. Er versprach mir auch, sobald er von einer vorhabenden Reise zurückgekehrt sein würde, an den Herrn Landdrost zu schreiben und auch an Dich. Von weiteren Unterhandlungen konnte nun füglich nicht die Rede sein, und ich trennte mich von ihm mit dem innerlichen Wunsche, bei ihm untergekommen zu sein, da er mir ein sehr freundlicher Mann schien. Wie ich von dort nach Brandenburg zu Fuß ging, holte mich der Schreiber Müller ein und sagte, ich solle mich nur nicht abschrecken lassen, der Herr Merker besinne sich wohl noch, zumal da es von Seiten der Familie gern gesehen sein würde. Was auf diese

Aeußerung zu geben ist, weiß ich nicht, aber ich fürchte, nicht viel.

Ich bin also wieder hier in Jabel und bedaure, daß ich auch jetzt Deine Hoffnungen habe täuschen müssen, doch diesmal ohne meine Schuld.

Der Oheim läßt sich bei Dir entschuldigen, heute nicht zu schreiben, er, sowie Tante und Hannchen befinden sich wohl und grüßen Dich und Lisette und Sophie.

Lebe wohl und grüße auch von mir Alle, die Theil nehmen an Deinem F. Reuter.

Jabel, den 13. October 1841.

Mein lieber Vater!

Sehr erfreut bin ich über Deinen Brief und werde Deinem Befehl in dieser Sache Folge leisten und morgen am Mittwochen in Rittermannshagen* spätestens um Mittag sein, indem ich bemerke, daß Oheims und Deine Aufforderung, mich in Schönau einzufinden, durch — —** eine Aenderung erleidet, die Dir gewiß nicht unlieb ist. Wir haben hier uns auch schon Mühe gegeben, eine Stelle zu bekommen, und ich habe mich deßwegen an Herrn Gaettens zu Klein-Medewege bei

* Gut des Grafen von Hahn auf Basedow, auf dessen Pfarre ein Pastor Engel saß.

** Durch Verletzung des Originals unleserlich.

Schwerin gewandt, aber noch keine Antwort. Jedoch das Nähere mündlich. Viele Grüße an Alle von Deinem F. Reuter.

Jabel, den 1. November 1841.

Lieber Vater!

Meine Reise zu Koch ist eine vergebliche gewesen, es ist dies nicht der alte, sondern der junge Koch und zwar der, von dem die Pfeifenkopf-Geschichte im Umlauf ist. Dennoch wäre ich aber gerne dort geblieben, wenn nicht der Herr Koch zu mir gesagt hätte, er hätte geglaubt, einen jungen Burschen zu erhalten, wir wären zu ungleich an Alter und paßten nicht für einander. Ich kam krank in Wismar an und mußte über 8 Tage das Bette hüten und bin vor einigen Tagen hier in Jabel, nachdem ich Theodor in Güstrow besucht habe, hier angekommen, um Deine ferneren Bestimmungen zu erwarten. Der Oheim meint, daß das Beste ein Aufenthalt in Stavenhagen und Beschäftigung in Deiner Wirthschaft sei, und ich glaube, daß, wenn Du Nachsicht mit mir hast, ich mehr bei Dir als bei so einem Herrn Koch lernen kann und werde. Ich werde mir gewiß Mühe geben, Deine Zufriedenheit zu erlangen. Der Oheim ist aber auch zugleich so gütig gewesen, mir den ferneren Aufenthalt hier in Jabel anzubieten, und falls dies Deinen Absichten besser zusagt, so will ich wenigstens hier nicht müßig sein und habe in dem beiliegenden Briefe den Doctor Jenning gebeten, mir juristische Gegenstände zum Arbeiten zuzusenden; wenn mir dies auch nichts nutzt, so gewöhnt es mich doch an eine unangenehme Arbeit, und das mag wohl etwas werth sein. Zürne mir nicht meines Stillschweigens wegen, die Unruhe der Reise und mein Unwohlsein müssen mich entschuldigen, jetzt bin ich wieder ganz wohl. Lebe wohl und gedenke Deines Sohnes

F. Reuter.

Schlußwort.

Die Sammlung der Briefe Fritz Reuters an seinen Vater, so weit dieselben der Oeffentlichkeit überhaupt übergeben werden konnten, ist hiermit zum Abschluß gebracht, und mit dem kleinen Schlußworte „Ende" könnten wir Abschied von den Lesern nehmen, zu denen das vorliegende Buch nach einer Wartefrist von einundzwanzig Jahren nun doch noch, hoffentlich zu Nutz und Freude Aller, seinen Weg gefunden hat.

Es ist hier nicht der Ort und auch nicht die Absicht, unseren Freund auf seinen weiteren Lebensweg zu begleiten, liegt dieser ja schon längst offen vor Jedermanns Auge da. Aber wir sind in seinen Briefen, die seinen Charakter treuer zeichnen, als alle Biographien es zu thun vermöchten, bis hierher ein großes Stück, und unzweifelhaft den bedeutsamsten Theil, seines Lebensweges mit ihm zusammen gegangen, und werden nun gewiß auch gern noch einige Augenblicke an dem Endpunkt unseres gemeinsamen Weges Rast machen und daselbst, bevor wir dann auseinander gehen, noch eine kurze Umschau auch auf die Wegerast unseres Fritz Reuter selbst halten. Freilich ist es immer noch ein Dornenweg, auf welchem wir ihn verlassen; aber lichter und freier windet er sich allmählich „ut de trostlose Gegend" heraus, und der neue Tag dämmert herauf, der fortan des Dichters Angesicht vor seinem ganzen Volke verklären soll.

In dem Pfarrhause zu Jabel verlebt der angehende „Klutenpedder", nachdem der Rechtsbeflissenheit endgültig ein Lebewohl gesagt ist, noch eine Reihe schöner, friedlicher Tage. Gar bald empfindet er den wohlthätigen Einfluß, den er unter dem Dache dieses Hauses gesucht und erhofft; „de afquälte Seel'" athmet auf, „de Leiw, de verluren gahn was", zieht wieder in sein Herz ein, und der fast gebrochene Mann richtet in neu erwachendem Lebensmuth das gebeugte Haupt wieder auf.

Einen aufrichtenden Stab und Stecken findet er in seinem Oheim und in dessen edlem Weibe, seinem Tanting, von welchem er es immer wie warmen, milden Sonnenschein auf sich ausgehen fühlt. Die Pfarrtöchterlein aber, und dann später ein ganzer Schwarm von anmuthigen jungen Frauen und Mädchen, der wie ein Wandervögelzug in ausgelassener Sommerlust von einem Familiengau zum anderen streicht und auch auf Jabels gastlichen Fluren sich niederläßt, lachen, singen und scherzen bald alle Schatten hinweg, die den „säben

Johren“ und den letzten trostlosen Tagen noch nachschleichen mochten. In solcher Luft gesundet er wieder, der gequälte, kranke Mann. Seine Frohnatur, seines Herzens unüberwindliche Kraft, sein unversiegbarer, erfrischender Humor, seine Freude an Scherz und fröhlichem Lachen, seine Lust am Dichten und Fabuliren heben wie geknickte Blumen alsbald wieder die licht- und sonnebedürftigen Kelche auf, und bald ist er nicht nur der Erweckte und Erwachende, sondern der Erweckende und Funkenschlagende selber, und der verhätschelte Liebling Aller.

Der Vetter Fritz, der den Lenz und den Frühsommer seines Lebens begraben hat unter „de säben Johr“ und unter der Irre durch trostlose Gegend, wird erst jetzt größtentheils mit den Wandervögeln seiner engeren und weiteren Familie bekannt; — aber wie bekannt! Mit dem Zauberstab seines hinreißenden Humors schlägt er alle Herzen auf, und nicht erst, als er gesehen, nein, ehe er noch gesehen, hat er mit seinen fröhlichen Schwänken und Ränken den ganzen Vogelschwarm in seinem Netz gefangen; und bei allen seinen Einfällen und Tollheiten leistet ihm der frohgemuthete Oheim, der würdige Pfarrer von Jabel, als wackerer Spießgeselle den kräftigsten Vorschub und Beistand. Mit bunten Bändern den Hut und mit Riesensträußen den Rock geschmückt, harren sie der nahenden Gästeschaar; „Köster Suer“ lugt vom Thurm herab; er will „Storm“ läuten, wenn sie „kommen thäten“; doch: „bei Leibe nicht, mein lieber Suhr,“ beugt der Herr

Pastor dem Aufruhr vor. Bauschan, später als Jung-Jochens Schatten wieder auflebend, sucht vergeblich Kranz und Blumen aus seinem Pelz zu schütteln, denn mit bunten Bändern sind seine zottigen Ohren und sein buschiger Schweif umflochten, und selbst „Mieze", das Muster einer stolzen Hauskatze, schleppt einen Riesenstrauß als lange Schwanzschleppe durch den Sand und fegt in vergeblichen Versuchen, sich seiner zu entledigen, Hof und Garten ab. Auch die Fettschwänze der stattlichen Hammel sind herausgeputzt, kurz alles: Schaf, Kuh, Pferd, Knecht und Magd bis zu „Eschendürten" mit den roten Augen und dem flachsgelben Haar, unter die Unsterblichen versetzt durch das aus ihrem Munde aufgefangene Motto zu Läuschen und Riemels: „wer't mag, de mag't, un wer't nich mag, de mag't ja woll nicht mägen" — sie Alle prangen herrlich in des Sommers schönster Blumenzier.

Und nun giebt „Köster Suer" das Zeichen vom Thurm. Daphnis, in der Mitte seiner bekränzten Thierlein, schwingt den Thyrsusstab; Apollo, ein alter blinder Dorfmusikant, liegt seitwärts im Gebüsch versteckt und entlockt seiner Zauberflöte — haarsträubende Töne; und die da kommen und sehen und hören, ersticken fast vor Lachen und vermögen nicht vor „dieses Lachens erschütternder Gewalt" von Heusäcken und Leiterwagen herunterzuklettern.

So macht der „gruglichte Staatsverbrecher und Königsmörder" mit Vettern und Cousinen Bekanntschaft, der „Staatsverbrecher", vor welchem das eine und andere zaghafte Herzlein sich vorher vielleicht „gruglicht“ gefürchtet haben mag. Aber glimpflicher als „Unkel Dambach“ und die edle Drechslerzunft der Hochverrath=Sonate, straft hier das holde Hochgericht alle seine fortgesetzten Complotte; er muß büßen mit Dichten und Läuschenmachen, tollen Einfällen und liebenswürdigen Schalkereien. Durch Wiesen und Haide folgt er den Spuren der Idunen und Jucunden, hier sitzt er am Bachrande mit seiner Schäferflöte, dort spielt er neckische Weisen zum fröhlichen Reigen auf, und immer weiß er die Locken fliegen und die Lippen lachen zu machen. Unerschöpflich ist sein Füllhorn freundlicher Gelegenheitsgaben; Alles findet Reim und Sang; Hut und Schleier, Handschuh und Busenband entlocken seiner Leier neuen Klang. Nie hat sich sein ganzes, kindlich=fröhliches, harmloses Gemüth je voller aufgethan, nie seine Seele sich so in ein einzig Gedicht ausgeklungen, wie zu jener schönen Sommerzeit im Pfarrhause zu Jabel.

Der Herausgeber der Briefe gehört zu den jüngsten Nachzüglern jenes großen Familienkreises der damaligen patriarchalischen Tage; er saß als unflügges „Heckküchlein“ noch still im Neste daheim und hatte kaum noch die ersten Federn angesetzt, als Jene bald schon ausgespielt und ausgetanzt hatten. Wenig noch erhaschen die Nachkömmlinge vom aufgehobenen Gastmahle; und von den zerstobenen und verflogenen Augenblicksgaben des im Mittelpunkte des Kreises stehenden Vetters Fritz fielen ihm später nur noch einige wenige Brocken zu,

Wohin er sich auch wenden, wo immer er auch anfragen und die Zeugen jener Tage aushorchen mochte, heimste er nur noch wenige Körner von der zerstobenen Ernte ein; die Reliquienkästchen waren leer, kaum hier und da war vor den verwehenden Winden und Stürmen der Zeit noch ein vergilbtes Blättchen oder eine kurze Aufzeichnung gerettet worden; in der Regel kam die Beichte zurück:

„So viel ich auch in mir geforscht und in alten Blättern gewühlt habe, es will nichts ans Licht kommen; wo ist denn auch je die Jugend auf Festhalten bedacht, wenn sie glaubt, immer aus dem Vollen schöpfen zu können? Und das thaten wir damals, nimmer ahnend, daß dereinst jede Zeile unseres lieben Fritz uns könne mit Dank aufgewogen werden."

„Kaum noch eines der reizenden Gedichte jener Julitage des Sommers 1841 besitze ich, nicht eines der späteren, die ja alle aus unerschöpflichem Quell hervorsprudelten und leider im Sande der Alltäglichkeit, im Verlauf der Jahre verschwanden."

Und weiter theilt dann noch dieselbe gütige Zeugin jener fröhlichen Tage aus ihren Erinnerungen an Fritz Reuter mit:

„Ich lebe mehr denn je in der Erinnerung an jene unvergeßlichen Jugendtage, welche Deine Fragen heraufbeschworen haben, und versuche, wie aus tiefem Schacht diese Erinnerungen heraufzuheben, ihnen Form und Gestalt zu geben, — aber immer wieder fließt das Einzelne in das Ganze, und dann versenke ich

Alles wieder, wohin es ja auch gehört, in die Tiefe des Herzens.

„Gesehen habe ich Fritz zuerst im Juli 1840, wenige Wochen nach seiner Erlösung aus Dömitz; wir fuhren zusammen von Rittermannshagen nach Jabel. Der Eindruck, den es auf ein junges Herz machen mußte, wie ein Mann seines Alters nicht im Wagen verblieb, sondern wie ein ausgelassenes Kind glückstrahlend neben demselben durch Feld und Wald strich, ist natürlich unauslöschlich geblieben.

„Dann taucht Fritz bei mir wieder im Juli des folgenden Jahres auf, wo er mit den Vettern und meinem lieben Vater schon damals tausend Tollheiten trieb, zu denen stets alles Nutzbare herbeigezogen wurde, selbst Kutscher, Dienstmädchen u. s. w. — Dann kamen wir im Juli auf zwei großen Leiterwagen sämmtlich von Rittermannshagen nach Jabel; festlicher Empfang fand statt; Vater, Fritz u. s. w., reich mit Blumen und Bändern geschmückt, empfingen uns, Ehrenpforten waren erbaut, Hund und Schaf mit Kränzen umwunden, Gustav Möllhausen, Bruder von Balduin, stand auf dem Tische und sollte das Empfangsgedicht sprechen, er brach in Thränen aus und Fritz mußte es selbst thun, — — wo ist's geblieben? — Es folgten nun Tage der Freude und Poesie. Eine der Hauptgestalten war ja Deine liebenswürdige Schwester U., zwingend schön, wie Du sie Dir denken kannst. Das ihr gewidmete Gedicht war denn auch die Krone von allen; ich höre den Anfang noch:

Es ging ein Mädchen im grünen Kleide
So einsam auf der braunen Haide. — —

Wo sind auch diese Verse geblieben? — Verklungen, vergessen. —

„Außer ihr waren es deine Schwester E. — ‚die weiße Taube‘, ‚deren Lippen, schön zum Küssen, leben nur von lauter Luft‘ — Anna M. ‚der grüne Zeisig‘, Ida B. ‚mit der wilden, rauhen Männerstimme‘, Marie und Emma M. und andere Cousinen mehr; sie Alle erhielten ihr Theil, und ich, noch nicht einmal als Backfisch geachtet, stand bewundernd von ferne.

„Dann nahte der Abschied, — und wieder standen die drei, Vater, Fritz und Gustav Möllhausen, nun aber mit Trauerfloren und verblühten Vergißmeinnicht in den Händen. ‚Heuschrecken gleich seid Ihr hierher gekommen, Ihr habt das letzte Blatt vom Baum verzehrt,‘ hieß es in dem unter vielem Lachen angehörten Abschiedsgedichte, und nichts sei im Hause geblieben, als ‚das abgeblühte Vergißmeinnicht‘.

„Dann muß Fritz noch bis zum Spätherbst in Jabel gewesen sein, denn zur Zeit der Gänsemästung ist es ja noch geschehen, daß mein Vater gesagt hatte: ‚Mutting, de Gäus' sünd so fett, dat's gor nich gahn känen!‘ und gleich darauf kommt Fritz hereingestürmt: ‚Tanting, Tanting, dor fleigen all de Gäus' äwer dat Hackelwark!‘*

* Hackelwerk bedeutet einen sehr hohen Zaun; er wollte also seinen Oheim, der die Gänse vor Fett und Gewicht nicht mehr gehen lassen wollte, mit dem leichten Flug derselben über das Hackelwerk necken.

Das war des Vaters letzte Geschichte aus Fritzens Zeit in Jabel.“ — —

Mit diesen Nachklängen aus dem Pfarrhause zu Jabel mögen die Briefe Fritz Reuters an seinen Vater, deren oft schmerzlich ergreifender Inhalt auch unser Gemüth nicht unerschüttert gelassen hat, einen freundlich versöhnenden Abschluß finden; und ein solcher Abschluß ist es wohl werth, daß wir hier noch einige Augenblicke gemeinsam verweilten.

* *
*

Es ist wenig mehr hinzuzufügen. Nach verschiedenen vergeblichen Bemühungen, die „Stromtid“ wirklich praktisch aufzunehmen, davon ja auch die letzten Briefe noch berichten, fand Fritz Reuter im Spätherbst des Jahres 1841 zur Erlernung der Landwirthschaft endlich Aufnahme bei Herrn Rust auf Hohen-Dembsin; er blieb dort mehrere Jahre und besuchte von hier aus noch häufig das Pfarrhaus zu Jabel, das er ebenso wie eine zweite Heimath liebte.

In Hohen-Dembsin auch lernte er seine Lowising kennen. Gleich der erste Eindruck, den das Fräulein Luise Kunze, ebenfalls eines Pfarrhauses Tochter, auf ihn machte, war entscheidend für das ganze Leben; er konnte nicht mehr von ihr lassen, und treu und beharrlich warb er um sie, wie Jakob um seine Rahel. Endlich, 1847, gewann er sie! Aber erst vier Jahre später, 1851, führte er die Braut heim an den eigenen

Herd. Eine wahrhaft schwärmerische Verehrung ward ihr von der ganzen Familie, besonders von der weiblichen Jugend derselben, entgegengetragen; man sah bewundernd zu ihr auf als zu einem Heldenweibe, das sich für die Rettung eines — damals allgemein für verloren gehaltenen, selbst vom Vater so gut wie aufgegebenen Menschen selbst aufopfernd hingab. Wenn auch die holde Schwärmerei der Jugend — Gott möge sie unserer Jugend ewig erhalten! — allmählich einer mehr nüchternen, abgeklärteren Anschauung Platz machte — ihm, Fritz Reuter, war seine Lowising geworden, was er von ihr und sie von sich selbst erhofft: das Glück seines Lebens, ein braves, ihm gesegnetes Weib — und was kann man Ruhmvolleres sagen von einem Menschen, von einer Lebensgefährtin?

Der Pastor Reuter, dieser auch dem Leser gewiß längst schon lieb gewordene Mann, den Fritz Reuter selbst in einem seiner Briefe „den bravsten, besten Menschen“ nennt, übergab im Herbst 1845 die Pfarre seinem Schwiegersohn und siedelte nach Stavenhagen über. „Die letzten Tage vor der Uebergabe half Fritz, wo er konnte; da strömten wieder die Gedichte,“ berichtet auch hier die Zeitgenossin jener Tage wieder. Der Bürgermeister Reuter aber, der viel geprüfte, in gewissenhafter, treusorgender Liebe um seinen Sohn nie ermüdende Mann, starb ein halbes Jahr, vor der Uebersiedelung seines Bruders nach Stavenhagen, im Frühjahr 1845, ohne daß ihm auch dieser letzte, sehnlich gehegte Wunsch nach einem Zusammenleben mit seinem Bruder noch erfüllt werden sollte.

So ging der sorgende Vater dahin, ohne die glückselige Gewißheit mit sich zu nehmen, daß sein Sohn endlich doch noch „ut de trostlose Gegend“ den Weg gefunden hatte, „wecker de rechte was“ — und welch einen Weg! Er ging dahin, ohne auch nur der Hoffnung noch Raum geben zu können, daß sein Fritz doch noch eine gesicherte Lebensstellung in Ehren und Ansehen einnehmen werde, ja, ohne nur zu ahnen, zu welcher Stellung, zu welchen Ehren und zu welchem Ansehen sein Fritz noch emporsteigen sollte, den er trotz aller Sorge, trotz aller Enttäuschung, trotz aller Bekümmerniß und Hoffnungslosigkeit doch immer mit nimmer erlöschender väterlicher Liebe an seinem treuen Herzen getragen hatte bis zu seinem Ende.

Und auch der geliebte Oheim, der Pastor Reuter, der wohl die reichen Gaben geschaut und erkannt hatte, die eine gütige Gottheit in dies unheilvoll umgarnte Leben pflanzte, konnte nicht mehr mit eigenen Augen das Reifen und Ernten ihrer vollen Aehren sehen. Aber wunderbar, aus seinem eben geschlossenen Grabe sollte der Stern Fritz Reuters an dem Himmel seines Ruhmes den ersten Aufflug nehmen.

Ueber diesen eigenartigen, ergreifenden Vorgang aus seinem Leben theilt die gütige Berichterstatterin aus jenen Tagen auch weiter noch mit:

„Nur noch einen Moment aus Fritz's Leben laß

mich erwähnen, ehe die Oeffentlichkeit von ihm Besitz nimmt. Es war am Abend des Beerdigungstages meines Vaters, Fritz und seine Freunde saßen in stiller Wehmuth bei uns. Plötzlich bat Fritz in tiefer Bewegung, es möge ihm Niemand übel deuten, wenn er eine so ungeeignete Stunde wähle, um die Erstlinge seiner Muse vorzulesen; es sei zwar ein starkes Zumuthen, aber vielleicht sei er das letzte Mal mit seinen alten Freunden vereint. Und so war es in der That, er hatte prophetisch in die Zukunft gesehen, — wenigstens soweit es Wilhelm und Ernst betraf. Er las nun, und wir horchten. Trotz unserer Traurigkeit glitt ein Lächeln über die kummervollen Mienen und ein allgemeines: ‚Fritz, das mußt Du drucken lassen!‘ wurde unter uns laut. In äußerster Bescheidenheit wies er diesen Vorschlag zurück, aber besonders Wilhelm ließ nicht mit seinen Bitten nach, und so führen die Freunde die erste Anregung zur Veröffentlichung seiner ‚Läuschen und Riemels‘ noch immer auf jene Stunde zurück.“

Neun Jahre später saß der Dichter wieder mit seinen Freunden betrübt zusammen in demselben Trauerhause; er war gekommen, seinem geliebten Tanting, „dem Weibe, dessen Leben lauter Liebe war“, das letzte Geleite zu geben; — damals durchflog die „Stromtid“ die Welt, Fritz Reuters Stern stand im Zenith!

*   *
*

Und nun mögen zum Schlusse zwei Punkte von entscheidender Bedeutung aus Fritz Reuters Leben besonders festgehalten werden: — in dem Ruinenschatten Alt-Heidelbergs hat uns die treue Samariterliebe kraftvoller Jugend unseren Fritz Reuter erhalten; an der frischen Gruft eines heimgegangenen, theuren und treuen Menschenlebens ist der Dichter seinem Volke erstanden.

Die Dornen, unter denen seine schönsten Jugend- und Mannesjahre fast verbluteten, wurden zum Lorbeer, mit denen sein deutsches Volk das Haupt des geliebten Dichters umwand.

Auch er ging dahin, sein Name blieb. Requiescat in pace!

[illegible] viele Freunde erworben herausstellte. Oberarzt [illegible]
Doctor Leist, welcher beide [illegible]
land und dem ich meinen
[illegible] Kampf hat die Güte gehabt mir Weg zur Reise [illegible]
hat dann [illegible] und einige Sch-
kleidungsstücke, Stiefeln, [illegible]
wandern müssen. [illegible] fürsorge gegeben habe ich nun
verschaffen müssen, welches [illegible]
genommen hat, deshalb bitte [illegible]
einiges Geld und die Zeugnisse
[illegible], jetzt nicht bei einem [illegible]
jedoch jedenfalls nächstens
auf der [illegible] in Handels[illegible]
Über meinen Abschied [illegible]
sehr erfreulich. Wir sind
[illegible] Luft, schönes Wasser
[illegible] angenehm, aber vor al-
[illegible], [illegible] und [illegible]
Zeit vielfach [illegible] Glü-
ck glückliches [illegible] die früher

nd zu haben, wie sich dies vor allem bei .. Alt
t genug ist der Herr Kämpf und der Prediger
it der größten Aufopferung von Zeit und Kraft
Dank verschmäht von hier mitgebracht wurde
selbst meine Geldangelegenheiten zu besorgen
Noch zur ersten Einrichtung hierselbst gegeben
dort noch bezahlt, die ich zur Anschaffung von
her auch für ein Douceur an die Wärter habe
mich unentbehrlichen Sachen, die zur häuslichen E
leider gewöhnlichsten [illegible] und sie hier
einen bedeutenden Ausfall in meinem Geld
t Dich nur zum Anfange kommenden Monats
liche Commandantur zu senden, zumal ich
an Handlungshäuser accreditirt bin, weil
lich Versprechen des Hl. Kämpf, der hier
Verbindungen steht, geschehen dürfte.
nung in Magd. So war meine Ankunft hier
von der Hölle in den Himmel gekommen
, angenehme und gesunde Lage unserer
land hat und des Herrn Obrist von Toll, Co
freundliches Wesen, seine Frau in der Er
e und seine unverkennbare Milde die Hoff
), erwecken konnten. Wir bewohnen [illegible]

ganz dient. Liebe

ich mit Schuld, da ich

reise ich nach Leang

und bitte Seinigen

ein Wechsel von d

Cassel d. 14ten Octbr
1840.

..., guter Vater, ich bin wahrlich unglücklicher als ...
...nd Schuld; darin liegt der Unterschied. Morgen
...und und dann weiter. Ich grüße Dich und Lisette
...mein Briefe keinem weiter zu zeigen. Leb
P...

...Brimmen

Sohn
F. Reuter

ich habe, leider [illegible]
aber viel Berlin[illegible]
Mühe. Gottschalk[illegible]
Zeit auch beendig[illegible]
ich ersehen [illegible]
nun recht längere[illegible]
Zeit über sein [illegible]
können. Leb[illegible]
unterhaltst.

...n, das ganze Haus von unten bis
... u. bis überdacht liegen Roggen,
...ie stehen, wenn ich diese Zeilen
, um dir über [illegible] zu berichten.
...[illegible] und auch [illegible]
... beobachte ein [illegible]
...ruhiges Verhalten erlangen zu
...ich kein gesammeltes Aufklären hier

Dein

[illegible]

...n, das ganzen Haus von unten bis
... u. bis [illegible] lange Regen,
...ge sehen, wenn ich diese Zeilen,
, um dir über Herz zu bringen.
...[illegible] wird auch aus [illegible],
... beabsichtige ein weiteres Ver-
...[illegible] Verhalten erlangt zu
...ich kein gesammelte Aufklärung hier

Dein

[illegible]

noch abzubüßenden Strafzeit
vollends zu begnadigen,

oder

sollte wider mein allerunterthänigstes Verhoffen eine unbeschränkte Begnadigung zur Zeit
nicht zu bewilligen seyn sollte,
dies doch allergnädigst zu gestatten,
daß der reuevolle Unglückliche die
Strafzeit, die ihm durch Ew. Majestät Gnade nicht erlassen werden
sollte, — zur Disposition Sr. Königl.
Hoheit, meines allergnädigsten
Landesherrn Paul Friedrich gestellt
— auf der diesseitigen Festung
abbüßen dürfe.

Mit der tiefsten Ehrfurcht ersterbe ich

Ew. Majestät

allerun[illegible]